AF361306

MENDIGOS DE DIOS

PAPA FRANCISCO

MENDIGOS DE DIOS

Catequesis sobre la oración

Del 6 de mayo al 24 de junio de 2020
y del 7 de octubre al 16 de junio de 2021

Prefacio de la
Comunidad Ecuménica de Taizé

EDICIONES RIALP
MADRID

Título original: *Mendicanti di Dio. Catechesi Sulla preghiera*

Prefacio: © Ateliers et Presses de Taizé
© 2021 *by* Librería Editrice Vaticana
© 2022 *by* EDICIONES RIALP, S. A.,
  Manuel Uribe 13-15, 28033 Madrid
  (www.rialp.com)

Preimpresión: produccioneditorial.com

ISBN (versión impresa): 978-84-321-6148-3
ISBN (versión digital): 978-84-321-6149-0
Depósito legal: M-9457-2022
Impreso en Canoprint.es (Madrid)

ÍNDICE

PREFACIO

LAS TREINTA Y NUEVE CATEQUESIS sobre la oración, recogidas en este volumen, fueron pronunciadas por el papa Francisco entre los meses de mayo de 2020 y junio de 2021. Se enmarcan bajo dos aspectos, en especial por su número y su amplitud de contenido. Y luego, por ir acompañando de algún modo las etapas de la pandemia del Covid-19.

Durante este período, el papa Francisco ha evocado a menudo las graves consecuencias de la crisis sanitaria, de su repercusión en nuestra sociedad y de la necesidad de prepararse para el futuro. En particular, mediante su encíclica *Fratelli tutti*, publicada en octubre de 2020 y dedicada a la "fraternidad y a la amistad social", ha alertado sobre los profundos desafíos que la familia humana debe afrontar en la actualidad. Y precisamente ahora, quizá de un modo menos llamativo, ofrece estas meditaciones sobre la oración.

La elección del tema y su amplio desarrollo, ¿son acaso parte de la respuesta del papa a la crisis? En nuestra comunidad de Taizé estas meditaciones han tocado una cuerda sensible. Así lo hemos percibido y comentado entre nosotros. Esta preocupación por la vida interior, que caracteriza al papa Francisco, de la que el público suele ser menos consciente, debería ser mejor conocida. La catequesis que se recoge en este libro podría ser de gran utilidad para los jóvenes, y llegar a ser muy apreciada no solo para los católicos, sino para numerosos cristianos de distintos orígenes.

Es, por tanto, una alegría para nosotros prologar esta catequesis, con el deseo de que, como indica la raíz griega de esta palabra, puedan resonar y encontrar un amplio eco entre tantos lectores.

El sugerente título de este volumen, *Mendigos de Dios*, proviene del final de la primera catequesis, en la que se narra el encuentro de Jesús con Bartimeo, el mendigo ciego, camino de Jerusalén (cfr. Mc 10, 46-52). El papa Francisco no esconde su honda atracción por la figura de Bartimeo. La oración, ha comentado en sus primeras palabras, es «como un grito que sale del corazón del que cree y se confía en Dios».

Lo que golpea en estos textos es, sobre todo, su tono incisivo y a la vez humano. Todos ellos hablan con gran profundidad de la oración, pero también de la vida. Hablan directos al corazón. El papa Francisco está claramente inspirado por su larga experiencia de fe y por su contacto con las personas. Acude a textos del *Catecismo de la Iglesia católica* y también se inspira en varios personajes de la historia, en autores cristianos de la antigüedad como san Agustín o Evagrio Póntico, o en poetas como Dante o Charles Péguy. A menudo hace referencia, de un modo que conmueve, a sencillas conversaciones que ha mantenido con personas anónimas que, con sus palabras o su vida, han alimentado su reflexión. Y, sobre todo, queda de manifiesto que estas meditaciones son un encuentro vivo con las Escrituras y con Jesús, el Verbo de Dios hecho carne.

Tras dos meditaciones introductorias, una sobre el grito de Bartimeo (1) y otra sobre la oración de los cristianos (2), la catequesis se presenta en dos grupos. La primera serie (3 a 21) ofrece una extensa mirada sobre la oración a través de las Escrituras, desde las primeras páginas del Génesis, el Éxodo, el Libro de Samuel, de los Reyes y los Salmos, hasta los Evangelios y los Hechos de los Apóstoles. Esta primera parte finaliza con cinco catequesis sobre las dimensiones esenciales de la oración: bendición, petición, intercesión, acción de gracias y alabanza. La perspectiva es personal y muy amplia: cada catequesis encuentra su propia unidad en una figura o tema bíblico. En la segunda serie (22 a 39), el papa se vuelve hacia la tradición viva de la oración y hacia la experiencia de los creyentes, y explora una amplia variedad de temas, desde las fuentes de la oración y sus horizontes hasta sus diversas expresiones personales y la lucha que lleva consigo. La aproximación es cada vez más específica, y va subrayando con más nitidez el lugar que ocupa la oración en la existencia humana del creyente.

Comunidad Ecuménica de Taizé

Nota del editor: la numeración de las catequesis, en esta edición, difiere ligeramente de la que puede consultarse en la web del Vaticano, porque incluye en el número 22 la pronunciada el 20 de enero de 2021 sobre la oración por la unidad de los cristianos.

1.
EL MISTERIO DE LA ORACIÓN[1]

Queridos hermanos y hermanas, ¡buenos días!

Hoy comenzamos un nuevo ciclo de catequesis sobre el tema de la *oración*. La oración es el aliento de la fe, es su expresión más adecuada. Como *un grito* que sale del corazón de los que creen y se confían a Dios.

Pensemos en la historia de Bartimeo, un personaje del Evangelio (cf. *Mc* 10, 46-52 y par.) y, os lo confieso, para mí el más simpático de todos. Era ciego y se sentaba a mendigar al borde del camino en las afueras de su ciudad, Jericó. No es un personaje anónimo, tiene un rostro, un nombre: Bartimeo, es decir, "hijo de Timeo". Un día oye que Jesús pasaría por allí. Efectivamente, Jericó era un cruce de caminos de personas, continuamente atravesada por peregrinos y mercaderes. Entonces Bartimeo se pone a la

---

[1] Audiencia general. Biblioteca del Palacio Apostólico. 6 de mayo de 2020.

espera: hará todo lo posible para encontrar a Jesús. Mucha gente hacía lo mismo, recordemos a Zaqueo, que se subió a un árbol. Muchos querían ver a Jesús, él también.

Este hombre entra, pues, en los Evangelios como una voz que grita a pleno pulmón. No ve; no sabe si Jesús está cerca o lejos, pero lo siente, lo percibe por la multitud, que en un momento dado aumenta y se avecina... Pero está completamente solo, y a nadie le importa. ¿Y qué hace Bartimeo? Grita. Y sigue gritando. Utiliza la única arma que tiene: su voz. Empieza a gritar: «¡Hijo de David, Jesús, ten compasión de mí!» (v. 47). Y sigue así, gritando.

Sus gritos repetidos molestan, no resultan educados, y muchos le reprenden, le dicen que se calle. «Pero sé educado, ¡no hagas eso!». Pero Bartimeo no se calla, al contrario, grita todavía más fuerte: «¡Hijo de David, Jesús, ten compasión de mí!» (v. 47). Esa testarudez tan hermosa de los que buscan una gracia y llaman, llaman a la puerta del corazón de Dios. Él grita, llama. Esa frase: «Hijo de David», es muy importante, significa "el Mesías" —confiesa al Mesías—, es una profesión de fe que sale de la boca de ese hombre despreciado por todos.

Y Jesús escucha su grito. La plegaria de Bartimeo toca su corazón, el corazón de Dios, y las puertas de la salvación se abren para él. Jesús lo manda a llamar. Él se levanta de un brinco y los que antes le decían que se callara ahora lo conducen al Maestro. Jesús le habla, le pide que exprese su deseo —esto es importante— y entonces el grito se convierte en una petición: «¡Haz que recobre la vista!». (cf. v. 51).

Jesús le dice: «Vete, tu fe te ha salvado» (v. 52). Le reconoce a ese hombre pobre, inerme y despreciado todo el poder de su fe, que atrae la misericordia y el poder de Dios. La fe es tener las dos manos levantadas, una voz que

14

clama para implorar el don de la salvación. El Catecismo afirma que «la humildad es la base de la oración» (*Catecismo de la Iglesia Católica*, 2559). La oración nace de la tierra, del *humus* —del que deriva "humilde", "humildad"—; viene de nuestro estado de precariedad, de nuestra constante sed de Dios (cf. *ibid.*, 2560-2561).

La fe, como hemos visto en Bartimeo, es un grito; la no fe es sofocar ese grito. Esa actitud que tenía la gente para que se callara: no era gente de fe, en cambio, él sí. Sofocar ese grito es una especie de "ley del silencio". La fe es una protesta contra una condición dolorosa de la cual no entendemos la razón; la no fe es limitarse a sufrir una situación a la cual nos hemos adaptado. La fe es la esperanza de ser salvado; la no fe es acostumbrarse al mal que nos oprime y seguir así.

Queridos hermanos y hermanas, empezamos esta serie de catequesis con el grito de Bartimeo, porque quizás en una figura como la suya ya está escrito todo. Bartimeo es un hombre perseverante. Alrededor de él había gente que explicaba que implorar era inútil, que era un vocear sin respuesta, que era ruido que molestaba y basta, que por favor dejase de gritar: pero él no se quedó callado. Y al final consiguió lo que quería.

Más fuerte que cualquier argumento en contra, en el corazón de un hombre hay una voz que invoca. Todos tenemos esta voz dentro. Una voz que brota espontáneamente, sin que nadie la mande, una voz que se interroga sobre el sentido de nuestro camino aquí abajo, especialmente cuando nos encontramos en la oscuridad: «¡Jesús, ten compasión de mí! ¡Jesús, ten compasión de mí!». Hermosa oración esta.

Pero ¿acaso estas palabras no están esculpidas en la creación entera? Todo invoca y suplica para que el misterio de la misericordia encuentre su cumplimiento definitivo. No rezan solo los cristianos: comparten el grito de la oración con todos los hombres y las mujeres. Pero el horizonte todavía puede ampliarse: Pablo dice que toda la creación «gime y sufre los dolores del parto» (*Rom* 8, 22). Los artistas se hacen a menudo intérpretes de este grito silencioso de la creación, que pulsa en toda criatura y emerge sobre todo en el corazón del hombre, porque el hombre es un "mendigo de Dios" (cf. *CIC*, 2559). Hermosa definición del hombre: "mendigo de Dios". Gracias.

2.
LA ORACIÓN DEL CRISTIANO[1]

Queridos hermanos y hermanas, ¡buenos días!

Hoy damos el segundo paso en el camino de la catequesis sobre la oración que comenzó la semana pasada.

La oración pertenece a todos: a la gente de cualquier religión, y probablemente también a aquellos que no profesan ninguna. La oración nace en el secreto de nosotros mismos, en ese lugar interior que los autores espirituales suelen llamar "corazón" (cf. *Catecismo de la Iglesia Católica*, 2562-2563). Lo que reza, entonces, en nosotros no es algo periférico, no es una facultad secundaria y marginal nuestra, sino que es el misterio más íntimo de nosotros mismos. Este misterio es el que reza. Las emociones rezan, pero no se puede decir que la oración es solo emoción. La inteligencia reza, pero rezar no es solo un acto intelectual.

---

[1] Audiencia general. Biblioteca del Palacio Apostólico. 13 de mayo de 2020.

El cuerpo reza, pero se puede hablar con Dios incluso en la más grave discapacidad. Por lo tanto, es todo el hombre el que reza, si su "corazón" reza.

La oración es un impulso, es una invocación que va más allá de nosotros mismos: algo que nace en lo profundo de nuestra persona y se proyecta, porque siente la nostalgia de un encuentro. Esa nostalgia que es más que una necesidad: es un camino. La oración es la voz de un "yo" que se tambalea, que anda a tientas, en busca de un "Tú". El encuentro entre el "yo" y el "Tú" no se puede hacer con las calculadoras: es un encuentro humano y muchas veces se va a tientas para encontrar el "Tú" que mi "yo" estaba buscando.

La oración del cristiano nace, en cambio, de una revelación: el "Tú" no ha permanecido envuelto en el misterio, sino que ha entrado en relación con nosotros. El cristianismo es la religión que celebra continuamente la "manifestación" de Dios, es decir, su epifanía. Las primeras fiestas del año litúrgico son la celebración de este Dios que no permanece oculto, sino que ofrece su amistad a los hombres. Dios revela su gloria en la pobreza de Belén, en la contemplación de los Reyes Magos, en el bautismo en el Jordán, en el milagro de las bodas de Caná. El Evangelio de Juan concluye el gran himno del Prólogo con una afirmación sintética: «A Dios nadie le ha visto jamás: el Hijo único, que está en el seno del Padre, él lo ha contado». Fue Jesús el que nos reveló a Dios.

La oración del cristiano entra en relación con el Dios de rostro más tierno, que no quiere infundir miedo alguno a los hombres. Esta es la primera característica de la oración cristiana. Si los hombres estaban acostumbrados desde siempre a acercarse a Dios un poco intimidados, un poco asustados por este misterio, fascinante y terrible, si se habían acostumbrado a venerarlo con una actitud servil, similar a la de un súbdito que no quiere faltar al respeto a su señor, los cristianos se dirigen en cambio a Él atreviéndose a llamarlo con confianza con el nombre de "Padre". Todavía más, Jesús usa otra palabra: "Papá".

El cristianismo ha desterrado del vínculo con Dios cualquier relación "feudal". En el patrimonio de nuestra fe no hay expresiones como "sometimiento", "esclavitud" o "vasallaje", sino palabras como "alianza", "amistad", "promesa", "comunión", "cercanía". En su largo discurso de despedida a los discípulos, Jesús dice así: «No os llamo ya siervos, porque el siervo no sabe lo que hace su amo; a vosotros os he llamado amigos, porque todo lo que he oído a mi Padre os lo he dado a conocer. No me habéis elegido vosotros a mí, sino que yo os he elegido a vosotros, y os he destinado para que vayáis y deis fruto, y que vuestro fruto permanezca; de modo que todo lo que pidáis al Padre en mi nombre os lo conceda» (*Jn* 15, 15-16). Pero este es un cheque en blanco: «Todo lo que pidáis al Padre en mi nombre os lo concedo».

Dios es el amigo, el aliado, el esposo. En la oración podemos establecer una relación de confianza con Él, tanto que en el "Padre Nuestro" Jesús nos ha enseñado a hacerle una serie de peticiones. A Dios podemos pedirle todo, todo, explicarle todo, contarle todo. No importa si en nuestra relación con Dios nos sentimos en defecto: no somos buenos amigos, no somos hijos agradecidos, no somos cónyuges fieles. Él sigue amándonos. Es lo que Jesús demuestra definitivamente en la última cena, cuando dice: «Este cáliz es la nueva alianza en mi sangre, que es derramada por vosotros» (*Lc* 22, 20). En ese gesto Jesús anticipa en el Cenáculo el misterio de la Cruz. Dios es un aliado fiel: si los hombres dejan de amar, Él sigue amando, aunque el amor lo lleve al Calvario. Dios está siempre cerca de la puerta de nuestro corazón y espera que le abramos. Y a veces llama al corazón pero no es invadente: espera. La paciencia de Dios con nosotros es la paciencia de un papá, de uno que nos quiere mucho. Yo diría que es la paciencia junta de un papá y de una mamá. Siempre cerca de nuestro corazón, y cuando llama lo hace con ternura y con tanto amor.

Tratemos todos de rezar de esta manera, entrando en el misterio de la Alianza. A meternos en la oración entre los brazos misericordiosos de Dios, a sentirnos envueltos por ese misterio de felicidad que es la vida trinitaria, a sentirnos como invitados que no se merecían tanto honor. Y a repetirle a Dios, en el asombro de la oración: ¿Es posible que Tú solo conozcas el amor? Él no conoce el odio. Él es odiado, pero no conoce el odio. Conoce solo amor. Este es el Dios al que rezamos. Este es el núcleo incandescente de toda oración cristiana. El Dios de amor, nuestro Padre que nos espera y nos acompaña.

3.
EL MISTERIO DE LA CREACIÓN[1]

Queridos hermanos y hermanas, ¡buenos días!

Continuamos nuestra catequesis sobre la oración, meditando sobre el *misterio de la Creación*. La vida, el simple hecho de existir, abre el corazón del ser humano a la oración.

La primera página de la Biblia se parece a un gran himno de acción de gracias. El relato de la Creación está ritmado por ritornelos donde se reafirma continuamente la bondad y la belleza de todo lo que existe. Dios, con su palabra, llama a la vida, y todas las cosas entran en la existencia. Con la palabra, separa la luz de las tinieblas, alterna el día y la noche, intervala las estaciones, abre una paleta de colores con la variedad de las plantas y de los animales. En este bosque desbordante que rápidamente derrota al caos, el hombre aparece en último lugar. Y esta

---

[1] Audiencia general. Biblioteca del Palacio Apostólico. 20 de mayo de 2020.

aparición provoca un exceso de exultación que amplifica la satisfacción y el gozo: «Vio Dios cuanto había hecho, y todo estaba muy bien» (*Gn* 1, 31). Bueno, pero también bello: se ve la belleza de toda la Creación.

La belleza y el misterio de la Creación generan en el corazón del hombre el primer movimiento que suscita la oración (cf. *Catecismo de la Iglesia Católica*, 2566). Así dice el Salmo octavo que hemos escuchado al principio: «Al ver tu cielo, hechura de tus dedos, la luna y las estrellas que fijaste tú, ¿qué es el hombre para que de él te acuerdes, el hijo de Adán, para que de él te cuides?» (vv. 4-5). El hombre orante contempla el misterio de la existencia a su alrededor, ve el cielo estrellado que lo cubre —que los astrofísicos nos muestran hoy en día en toda su inmensidad— y se pregunta qué diseño de amor debe haber detrás de una obra tan poderosa... Y, en esta inmensidad ilimitada ¿qué es el hombre? "Qué poco", dice otro salmo (cf. 89, 48): un ser que nace, un ser que muere, una criatura fragilísima. Y, sin embargo, en todo el universo, el ser humano es la única criatura consciente de tal profusión de belleza. Un ser pequeño que nace, muere, hoy está y mañana ya no, es el único consciente de esta belleza. ¡Nosotros somos conscientes de esta belleza!

La oración del hombre está estrechamente ligada al sentimiento de *asombro*. La grandeza del hombre es infinitesimal cuando se compara con las dimensiones del universo. Sus conquistas más grandes parecen poca cosa... Pero el hombre no es nada. En la oración, se afirma rotundamente un sentimiento de misericordia. Nada existe por casualidad: el secreto del universo reside en una mirada benévola que alguien cruza con nuestros ojos. El Salmo afirma que somos poco menos que un Dios, que estamos coronados de gloria y de esplendor (cf. 8, 6). La relación con Dios es la grandeza del hombre: su entronización. Por naturaleza no somos casi nada, pequeños, pero por vocación, por llamada, ¡somos los hijos del gran Rey!

Esta es una experiencia que muchos de nosotros han tenido. Si la trama de la vida, con todas sus amarguras, corre a veces el riesgo de ahogar en nosotros el don de la oración, basta con contemplar un cielo estrellado, una puesta de sol, una flor..., para reavivar la chispa de la acción de gracias. Esta experiencia es quizás la base de la primera página de la Biblia.

Cuando se escribió el gran relato bíblico de la Creación, el pueblo de Israel no estaba atravesando días felices. Una potencia enemiga había ocupado su tierra; muchos habían sido deportados, y se encontraban ahora esclavizados en Mesopotamia. No había patria, ni templo, ni vida social y religiosa, nada.

Y, sin embargo, partiendo precisamente de la gran historia de la Creación, alguien comenzó a encontrar motivos para dar gracias, para alabar a Dios por la existencia. La oración es la primera fuerza de la esperanza. Tú rezas y la esperanza crece, avanza. Yo diría que la oración abre la puerta a la esperanza. La esperanza está ahí, pero con mi oración le abro la puerta. Porque los hombres de oración custodian las verdades basilares; son los que repiten, primero a sí mismos y luego a todos los demás, que esta vida, a pesar de todas sus fatigas y pruebas, a pesar de sus días difíciles, está llena de una gracia por la que maravillarse. Y como tal, siempre debe ser defendida y protegida.

Los hombres y las mujeres que rezan saben que la esperanza es más fuerte que el desánimo. Creen que el amor es más fuerte que la muerte, y que sin duda un día triunfará, aunque en tiempos y formas que nosotros no conocemos. Los hombres y mujeres de oración llevan en sus rostros destellos de luz: porque incluso en los días más oscuros el sol no deja de iluminarlos. La oración te ilumina: te ilumina el alma, te ilumina el corazón y te ilumina el rostro. Incluso en los tiempos más oscuros, incluso en los tiempos de dolor más grande.

Todos somos portadores de alegría. ¿Lo habíais pensado? ¿Que eres un portador de alegría? ¿O prefieres llevar malas noticias, cosas que entristecen? Todos somos capaces de portar alegría. Esta vida es el regalo que Dios nos ha dado: y es demasiado corta para consumirla en la tristeza, en la amargura. Alabemos a Dios, contentos simplemente de existir. Miremos el universo, miremos sus bellezas y miremos también nuestras cruces y digamos: «Pero, tú existes, tú nos hiciste así, para ti». Es necesario sentir esa inquietud del corazón que lleva a dar gracias y a alabar a Dios. Somos los hijos del gran Rey, del Creador, capaces de leer su firma en toda la creación; esa creación que hoy nosotros custodiamos, pero en esa creación está la firma de Dios que lo hizo por amor. Que el Señor haga que lo entendamos cada vez más profundamente y nos lleve a decir "gracias": y ese "gracias" es una hermosa oración.

4.
LA ORACIÓN DE LOS JUSTOS[1]

Queridos hermanos y hermanas, ¡buenos días!

Dedicamos la catequesis de hoy a la *oración de los justos*.

El plan de Dios para la humanidad es bueno, pero en nuestra vida diaria experimentamos la presencia del mal: es una experiencia diaria. Los primeros capítulos del Libro del Génesis describen la expansión progresiva del pecado en las vivencias humanas. Adán y Eva (cf. *Gn* 3, 1-7) dudan de las intenciones benévolas de Dios, pensando que se trate de una deidad envidiosa que impide su felicidad. De ahí la rebelión: ya no creen en un Creador generoso que desea su felicidad. Su corazón, cediendo a la tentación del Maligno, es presa de delirios de omnipotencia: «Si comemos el fruto del árbol, nos haremos semejantes a Dios» (cf. v. 5). Y esta es la tentación: esta es la ambición

---

[1] Audiencia general. Biblioteca del Palacio Apostólico. 27 de mayo de 2020.

que penetra en el corazón. Pero la experiencia va en la dirección opuesta: sus ojos se abren y descubren que están desnudos (v. 7), sin nada. No lo olvidéis: el tentador es un mal pagador, paga mal.

El mal se vuelve aún más arrollador con la segunda generación humana, es más fuerte: es la historia de Caín y Abel (cf. *Gn* 4, 1-16). Caín tiene envidia de su hermano: está presente el gusano de la envidia; aunque es el primogénito, ve a Abel como un rival, uno que amenaza su primacía. El mal se asoma a su corazón y Caín es incapaz de dominarlo. El mal empieza a penetrar en el corazón: los pensamientos son siempre los de mirar mal al otro, con sospecha. Y esto sucede también con el pensamiento: "Este es malo, me perjudicará"... Y este pensamiento se va abriendo paso en el corazón. Y así la historia de la primera fraternidad termina con un asesinato. Pienso, hoy, en la fraternidad humana... guerras por doquier.

En la descendencia de Caín se desarrollan los oficios y las artes, pero también se desarrolla la violencia, expresada en el siniestro cántico de Lámec, que suena como un himno de venganza: «Yo maté a un hombre por una herida que me hizo y a un muchacho por un cardenal que recibí. Caín será vengado siete veces, mas Lámec lo será setenta y siete» (*Gn* 4, 23-24). La venganza: «Lo has hecho ¡vas a pagarlo!». Pero eso no lo dice el juez, lo digo yo. Y yo me vuelvo juez de la situación. Y así el mal se propaga como un incendio hasta ocupar todo el cuadro: «Viendo Yahveh que la maldad del hombre cundía en la tierra, y que todos los pensamientos que ideaba su corazón eran puro mal de continuo...» (*Gn* 6, 5). Los grandes frescos del diluvio universal (cap. 6-7) y la torre de Babel (cap. 11) revelan que es necesario un nuevo comienzo, como una nueva creación, que tendrá su cumplimiento en Jesucristo.

26

Y, sin embargo, en estas primeras páginas de la Biblia, también está escrita otra historia, menos llamativa, mucho más humilde y devota, que representa el rescate de la esperanza. Aunque casi todos se comportan con brutalidad, haciendo del odio y la conquista el gran motor de las vivencias humanas, hay personas capaces de rezar a Dios con sinceridad, capaces de escribir de otra manera el destino del hombre. Abel ofrece a Dios un sacrificio de primicias. Después de su muerte, Adán y Eva tuvieron un tercer hijo, Set, de quien nació Enós (que significa "mortal"), y se dice: «En aquel tiempo comenzaron a invocar el nombre del Señor» (4, 26). Luego aparece Henoc, un personaje que "anduvo con Dios" y fue arrebatado al cielo (cf. 5, 22-24). Y finalmente está la historia de Noé, un hombre justo que «andaba con Dios» (6, 9), frente al cual Dios detiene su propósito de borrar a la humanidad (cf. 6, 7-8).

Leyendo estas historias, uno tiene la impresión de que la oración sea el dique, el refugio del hombre ante la oleada de maldad que crece en el mundo. Pensándolo bien, también rezamos para ser salvados de nosotros mismos. Es importante rezar: «Señor, por favor, sálvame de mí mismo, de mis ambiciones, de mis pasiones». Los orantes de las primeras páginas de la Biblia son hombres artífices de paz: en efecto, la oración, cuando es auténtica, libera de los instintos de violencia y es una mirada dirigida a Dios, para que vuelva a ocuparse del corazón del hombre. Se lee en el Catecismo: «Este carácter de la oración ha sido vivido en todas las religiones, por una muchedumbre de hombres piadosos» (*CCC*, 2569). La oración cultiva prados de renacimiento en lugares donde el odio del hombre solo ha sido capaz de ensanchar el desierto. Y la oración es poderosa, porque atrae el poder de Dios y el poder de Dios da siempre vida; siempre. Es el Dios de la vida y hace renacer.

Por eso el señorío de Dios pasa por la cadena de estos hombres y mujeres, a menudo incomprendidos o marginados en el mundo. Pero el mundo vive y crece gracias al poder de Dios que estos servidores suyos atraen con sus oraciones. Son una cadena que no hace ruido, que rara vez salta a los titulares, y sin embargo ¡es tan importante para devolver la confianza al mundo! Recuerdo la historia de un hombre: un jefe de gobierno, importante, no de esta época, del pasado. Un ateo que no tenía sentido religioso en su corazón, pero de niño escuchaba a su abuela rezar, y eso permaneció en su corazón. Y en un momento difícil de su vida, ese recuerdo volvió a su corazón y dijo: «Pero la abuela rezaba...». Así que empezó a rezar con las fórmulas de su abuela y allí encontró a Jesús. La oración es una cadena de vida, siempre: muchos hombres y mujeres que rezan, siembran la vida. La oración siembra vida, la pequeña oración: por eso es tan importante enseñar a los niños a rezar. Me duele cuando me encuentro con niños que no saben hacerse la señal de la cruz. Hay que enseñarles a hacer bien la señal de la cruz, porque es la primera oración. Es importante que los niños aprendan a rezar. Luego, a lo mejor, pueden olvidarse, tomar otro camino; pero las primeras oraciones aprendidas de niño permanecen en el corazón, porque son una semilla de vida, la semilla del diálogo con Dios.

El camino de Dios en la historia de Dios ha pasado por ellos: ha pasado por un "resto" de la humanidad que no se uniformó a la ley del más fuerte, sino que pidió a Dios que hiciera sus milagros, y sobre todo que transformara nuestro corazón de piedra en un corazón de carne (cf. *Ez* 36, 26). Y esto ayuda a la oración: porque la oración abre la puerta a Dios, transformando nuestro corazón tantas veces de piedra, en un corazón humano. Y se necesita mucha humanidad, y con la humanidad se reza bien.

5.
LA ORACIÓN DE ABRAHAM[1]

Queridos hermanos y hermanas, ¡buenos días!

Hay una voz que de improviso resuena en la vida de Abraham. Una voz que le invita a emprender un camino que suena absurdo: una voz que le incita a desarraigarse de su patria, de las raíces de su familia, para ir hacia un futuro nuevo, un futuro diferente. Y todo sobre la base de una promesa, de la que solo hay que fiarse. Y fiarse de una promesa no es fácil, hace falta valor. Y Abraham se fio.

La Biblia guarda silencio sobre el pasado del primer patriarca. La lógica de las cosas sugiere que adoraba a otras divinidades; tal vez era un hombre sabio, acostumbrado a mirar el cielo y las estrellas. El Señor, en efecto, le promete que sus descendientes serán tan numerosos como las estrellas que salpican el cielo.

---

[1] Audiencia general. Biblioteca del Palacio Apostólico. 3 de junio de 2020.

Y Abraham parte. Escucha la voz de Dios y se fía de su palabra. Esto es importante: se fía de la palabra de Dios. Y con esta partida nace una nueva forma de concebir la relación con Dios; es por eso por lo que el patriarca Abraham está presente en las grandes tradiciones espirituales judía, cristiana e islámica como el perfecto hombre de Dios, capaz de someterse a Él, incluso cuando su voluntad es difícil, si no incluso incomprensible.

Abraham es, por lo tanto, el *hombre de la Palabra*. Cuando Dios habla, el hombre se convierte en el receptor de esa Palabra y su vida en el lugar donde pide encarnarse. Esta es una gran novedad en el camino religioso del hombre: la vida del creyente comienza a concebirse como una vocación, es decir, como llamada, como un lugar donde se cumple una promesa; y él se mueve en el mundo no tanto bajo el peso de un enigma, sino con la fuerza de esa promesa, que un día se cumplirá. Y Abraham creyó en la promesa de Dios. Creyó y salió, sin saber adonde iba —así dice la Carta a los Hebreos (cf. 11, 8)—. Pero se fio.

Leyendo el libro del Génesis, descubrimos cómo Abraham vivió la oración en continua fidelidad a esa Palabra, que periódicamente se aparecía en su camino. En resumen, podemos decir que en la vida de Abraham *la fe se hace historia*: la fe se hace historia. Todavía más, Abraham, con su vida, con su ejemplo, nos enseña este camino, esta vía en la que la fe se hace historia. Dios ya no se ve solo en los fenómenos cósmicos, como un Dios lejano que puede infundir terror. El Dios de Abraham se convierte en "mi Dios", el Dios de mi historia personal, que guía mis pasos, que no me abandona; el Dios de mis días, el compañero de mis aventuras; el Dios Providencia. Yo me pregunto y os pregunto: ¿nosotros tenemos esta experiencia de Dios? ¿"Mi Dios", el Dios que me acompaña, el Dios de mi historia personal, el Dios que guía mis pasos, que no me abandona, el Dios de mis días? ¿Tenemos esta experiencia? Pensémoslo.

Esta experiencia de Abraham está también atestiguada por uno de los textos más originales en la historia de la espiritualidad: el *Memorial* de Blaise Pascal. Comienza así: «Dios de Abraham, Dios de Isaac, Dios de Jacob, no de los filósofos y de los sabios. Certeza, certeza. Sentimiento. Alegría. Paz. Dios de Jesucristo». Este memorial, escrito en un pequeño pergamino, y encontrado después de su muerte cosido dentro de un traje del filósofo, expresa no una reflexión intelectual que un hombre sabio puede concebir sobre Dios, sino el sentido vivo, experimentado, de su presencia. Pascal anota incluso el momento preciso en el que sintió esa realidad, habiéndola encontrado finalmente: la noche del 23 de noviembre de 1654. No es el Dios abstracto o el Dios cósmico, no. Es el Dios de una persona, de una llamada, el Dios de Abraham, de Isaac, de Jacob, el Dios que es certeza, que es sentimiento, que es alegría.

«La oración de Abraham se expresa primeramente con hechos: hombre de silencio, en cada etapa construye un altar al Señor» (*Catecismo de la Iglesia Católica*, 2570). Abraham no edifica un templo, sino que esparce el camino con piedras que recuerdan el tránsito de Dios. Un Dios sorprendente, como cuando lo visita en la figura de tres huéspedes, a los que él y Sara acogen con esmero y que les anuncian el nacimiento de su hijo Isaac (cf. *Gn* 18, 1-15). Abraham tenía cien años, y su mujer noventa, más o menos. Y creyeron, se fiaron de Dios. Y Sara, su mujer concibió. ¡A esa edad! Este es el Dios de Abraham, nuestro Dios, que nos acompaña.

Así Abraham se familiariza con Dios, capaz también de discutir con Él, pero siempre fiel. Habla con Dios y discute. Hasta la prueba suprema, cuando Dios le pide que sacrifique a su propio hijo Isaac, el hijo de la vejez, el único heredero. Aquí Abraham vive su fe como un drama, como un caminar a tientas en la noche, bajo un cielo esta vez desprovisto de estrellas. Y tantas veces nos pasa también a nosotros, caminar en la oscuridad, pero con la fe. Dios mismo detendrá la mano de Abraham que ya está lista para golpear, porque ha visto su disponibilidad verdaderamente total (cf. *Gn* 22, 1-19).

Hermanos y hermanas, aprendamos de Abraham. Aprendamos a rezar con fe: a escuchar al Señor, a caminar, a dialogar hasta discutir. ¡No tengamos miedo de discutir con Dios! Voy a decir algo que parecerá una herejía. Tantas veces he escuchado gente que me dice: «¿Sabe?, me ha pasado esto y me he enfadado con Dios». —«¿Tú has tenido el valor de enfadarte con Dios?». —«Sí, me he enfadado». —«Pero esa es una forma de oración». Porque solamente un hijo es capaz de enfadarse con su papá y luego reencontrarlo. Aprendamos de Abraham a rezar con fe, a dialogar, a discutir, pero siempre dispuestos a aceptar la palabra de Dios y a ponerla en práctica. Con Dios aprendamos a hablar como un hijo con su papá: escucharlo, responder, discutir. Pero transparente, como un hijo con su papá. Así nos enseña a rezar Abraham. Gracias.

6.
LA ORACIÓN DE JACOB[1]

Queridos hermanos y hermanas, ¡buenos días!

Continuamos nuestra catequesis sobre el tema de la oración. El libro del Génesis, a través de las vivencias de hombres y mujeres de épocas lejanas nos cuenta historias en las que podemos reflejar nuestra vida. En el ciclo de los patriarcas encontramos también la de un hombre que había hecho de la astucia su mejor cualidad: Jacob. El relato bíblico nos habla de la difícil relación que Jacob tenía con su hermano Esaú. Desde pequeños hay rivalidad entre ellos y nunca la superarán. Jacob es el segundo hijo —eran gemelos—, pero mediante engaños consigue arrebatar a su padre Isaac la bendición y el don de la primogenitura (cf. Génesis 25, 19-34). Es solo el primero de una larga serie de ardides de los que este

______

[1] Audiencia general. Biblioteca del Palacio Apostólico. 10 de junio de 2020.

hombre sin escrúpulos es capaz. También el nombre de "Jacob" significa alguien que se mueve con astucia.

Obligado a huir lejos de su hermano, en su vida parece tener éxito en todo lo que emprende. Es hábil en los negocios: se enriquece mucho, convirtiéndose en propietario de un rebaño enorme. Con tenacidad y paciencia consigue casarse con la hija más hermosa de Labán, de la que estaba realmente enamorado. Jacob —diríamos con lenguaje moderno— es un hombre que "se ha hecho a sí mismo", con ingenio, astucia, es capaz de conquistar todo lo que desea. Pero le falta algo. Le falta la relación viva con sus raíces.

Y un día siente la llamada del hogar, de su antigua patria, donde todavía vivía Esaú, el hermano con el que siempre había mantenido una pésima relación. Jacob parte y lleva a cabo un largo viaje con una caravana numerosa de personas y animales, hasta que llega a la última etapa, al vado de Yabboq. Aquí el libro del Génesis nos ofrece una página memorable (cf. 32, 23-33). Relata que el patriarca, después de haber hecho atravesar el río a toda su gente y a todo el ganado —que era mucho—, se queda solo en la orilla extranjera. Y piensa: ¿Qué lo espera para el mañana? ¿Qué actitud tomará su hermano Esaú, al que había robado la primogenitura? La mente de Jacob es un torbellino de pensamientos... Y, mientras oscurece, de repente un desconocido lo aferra y comienza a luchar con él. El Catecismo explica: «La tradición espiritual de la Iglesia ha tomado de este relato el símbolo de la oración como un combate de la fe y una victoria de la perseverancia» (*CIC*, 2573).

Jacob luchó durante toda la noche, sin soltar nunca a su oponente. Al final es vencido, golpeado por su rival en el nervio ciático, y desde entonces será cojo para toda la vida. Aquel misterioso luchador pregunta el nombre al patriarca y le dice: «En adelante no te llamarás Jacob sino Israel; porque has sido fuerte contra Dios y contra los hombres, y le has vencido» (v. 29). Como diciendo: nunca serás el hombre que camina así, sino recto. Le cambia el nombre, le cambia la vida, le cambia la actitud. Te llamarás Israel. Entonces también Jacob pregunta al otro: «Dime por favor tu nombre». Aquel no se lo revela, pero, en compensación, lo bendice. Y Jacob entiende que ha encontrado a Dios «cara a cara» (cf. vv. 30-31).

Luchar con Dios: una metáfora de la oración. Otras veces Jacob se había mostrado capaz de dialogar con Dios, de sentirlo como una presencia amiga y cercana. Pero en esa noche, a través de una lucha que duró mucho tiempo y que casi lo vio sucumbir, el patriarca salió cambiado. Cambio de nombre, cambio del modo de vivir y cambio de la personalidad: sale cambiado. Por una vez ya no es dueño de la situación —su astucia no sirve—, ya no es el hombre estratega y calculador; Dios lo devuelve a su verdad de mortal que tiembla y tiene miedo, porque Jacob en la lucha tiene miedo. Por una vez Jacob no tiene otra cosa que presentar a Dios más que su fragilidad y su impotencia, también sus pecados. Y es este Jacob el que recibe de Dios la bendición, con la cual entra cojeando en la tierra prometida: vulnerable y vulnerado, pero con el corazón nuevo. Una vez escuché decir a un anciano —buen hombre, buen cristiano, pero pecador que tenía tanta confianza en Dios— que decía: «Dios me ayudará; no me dejará solo. Entraré en el paraíso, cojeando, pero entraré». Antes era alguien que estaba seguro de sí mismo, confiaba en su propia sagacidad. Era un hombre impermeable a la gracia, refractario a la misericordia; no conocía lo que es la misericordia. «¡Aquí estoy yo, mando yo!», no consideraba que necesitaba misericordia. Pero Dios salvó lo que estaba perdido. Le hizo entender que estaba limitado, que era un pecador que necesitaba misericordia y lo salvó.

Todos nosotros tenemos una cita en la noche con Dios, en la noche de nuestra vida, en las muchas noches de nuestra vida: momentos oscuros, momentos de pecados, momentos de desorientación. Ahí hay una cita con Dios, siempre. Él nos sorprenderá en el momento en el que no nos lo esperemos, en el que nos encontremos realmente solos. En aquella misma noche, combatiendo contra lo desconocido, tomaremos conciencia de ser solo pobres hombres —me permito decir "pobrecitos"—, pero, precisamente entonces, no deberemos temer: porque en ese momento Dios nos dará un nombre nuevo, que contiene el sentido de toda nuestra vida; nos cambiará el corazón y nos dará la bendición reservada a quien se ha dejado cambiar por Él. Esta es una hermosa invitación a dejarnos cambiar por Dios. Él sabe cómo hacerlo, porque conoce a cada uno de nosotros. «Señor, Tú me conoces», puede decirlo cada uno de nosotros. «Señor, Tú me conoces. Cámbiame».

7.
LA ORACIÓN DE MOISÉS[1]

Queridos hermanos y hermanas, ¡buenos días!

En nuestro itinerario sobre el tema de la oración, nos estamos dando cuenta de que Dios nunca amó tratar con orantes "fáciles". Y ni siquiera Moisés será un interlocutor "débil", desde el primer día de su vocación.

Cuando Dios lo llama, Moisés es humanamente "un fracasado". El libro del Éxodo nos lo representa en la tierra de Madián como un fugitivo. De joven había sentido piedad por su gente y había tomado partido en defensa de los oprimidos. Pero pronto descubre que, a pesar de sus buenos propósitos, de sus manos no brota justicia, si acaso, violencia. He aquí los sueños de gloria que se hacen trizas: Moisés ya no es un funcionario prometedor, destinado a una carrera rápida, sino alguien que se ha jugado las

---

[1] Audiencia general. Biblioteca del Palacio Apostólico. 17 de junio de 2020.

oportunidades, y ahora pastorea un rebaño que ni siquiera es suyo. Y es precisamente en el silencio del desierto de Madián donde Dios convoca a Moisés a la revelación de la zarza ardiente: «"Yo soy el Dios de tu padre, el Dios de Abraham, el Dios de Isaac y el Dios de Jacob". Moisés se cubrió el rostro, porque temía ver a Dios» (*Éxodo* 3, 6).

A Dios que habla, que le invita a ocuparse de nuevo del pueblo de Israel, Moisés opone sus temores, sus objeciones: no es digno de esa misión, no conoce el nombre de Dios, no será creído por los israelitas, tiene una lengua que tartamudea… Y así tantas objeciones. La palabra que florece más a menudo de los labios de Moisés, en cada oración que dirige a Dios, es la pregunta "¿por qué?". ¿Por qué me has enviado? ¿Por qué quieres liberar a este pueblo? En el Pentateuco hay, de hecho, un pasaje dramático en el que Dios reprocha a Moisés su falta de confianza, falta que le impedirá la entrada en la tierra prometida (cf. *Números* 20, 12).

Con estos temores, con este corazón que a menudo vacila, ¿cómo puede rezar Moisés? Es más, Moisés parece un hombre como nosotros. Y también esto nos sucede a nosotros: cuando tenemos dudas, ¿pero cómo podemos rezar? No nos apetece rezar. Y es por su debilidad, más que por su fuerza, por lo que quedamos impresionados. Encargado por Dios de transmitir la Ley a su pueblo, fundador del culto divino, mediador de los misterios más altos, no por ello dejará de mantener vínculos estrechos con su pueblo, especialmente en la hora de la tentación y del pecado. Siempre ligado al pueblo. Moisés nunca perdió la memoria de su pueblo. Y esta es una grandeza de los pastores: no olvidar al pueblo, no olvidar las raíces. Es lo que dice Pablo a su amado joven obispo Timoteo: «Acuérdate de tu madre y de tu abuela, de tus raíces, de tu pueblo». Moisés es tan amigo de Dios como para poder hablar con Él cara a cara (cf. *Éxodo* 33, 11); y será tan amigo de los hombres como para sentir misericordia por sus pecados, por sus tentaciones, por la nostalgia repentina que los exiliados sienten por el pasado, pensando en cuando estaban en Egipto.

Moisés no reniega de Dios, pero ni siquiera reniega de su pueblo. Es coherente con su sangre, es coherente con la voz de Dios. Moisés no es, por lo tanto, un líder autoritario y despótico; es más, el libro de los Números lo define como «un hombre muy humilde, más que hombre alguno sobre la faz de la tierra» (cf. 12, 3). A pesar de su condición de privilegiado, Moisés no deja de pertenecer a ese grupo de pobres de espíritu que viven haciendo de la confianza en Dios el consuelo de su camino. Es un hombre del pueblo.

Así, el modo más propio de rezar de Moisés será la intercesión (cf. *Catecismo de la Iglesia Católica*, 2574). Su fe en Dios se funde con el sentido de paternidad que cultiva por su pueblo. La Escritura lo suele representar con las manos tendidas hacia lo alto, hacia Dios, como para actuar como un puente con su propia persona entre el cielo y la tierra. Incluso en los momentos más difíciles, incluso el día en que el pueblo repudia a Dios y a él mismo como guía para hacerse un becerro de oro, Moisés no es capaz de dejar de lado a su pueblo. Es mi pueblo. Es tu pueblo. Es mi pueblo. No reniega ni de Dios ni del pueblo. Y dice a Dios: «¡Ay! Este pueblo ha cometido un gran pecado al hacerse un dios de oro. Con todo, si te dignas perdonar su pecado..., y si no, bórrame del libro que has escrito» (*Éxodo* 32, 31-32). Moisés no cambia al pueblo. Es el puente, es el intercesor. Los dos, el pueblo y Dios, y él está en el medio. No vende a su gente para hacer carrera. No es un arribista, es un intercesor: por su gente, por su carne, por su historia, por su pueblo y por Dios que lo ha llamado. Es el puente. Qué hermoso ejemplo para todos los pastores que deben ser "puente". Por eso, se les llama *pontifex*, puentes. Los pastores son puentes entre el pueblo al que pertenecen y Dios, al que pertenecen por vocación. Así es Moisés: «Perdona, Señor, su pecado; de otro modo, si Tú no perdonas, bórrame de tu libro que has escrito. No quiero hacer carrera con mi pueblo». Y esta es la oración que los verdaderos creyentes cultivan en su vida espiritual. Incluso si experimentan los defectos de la gente y su lejanía de Dios, estos orantes no los condenan, no los rechazan. La actitud de intercesión es propia de los santos, que, a imitación de Jesús, son "puentes" entre Dios y su pueblo. Moisés, en este sentido, ha sido el profeta más grande de Jesús, nuestro abogado e intercesor. (cf. *Catecismo de la Iglesia Católica*, 2577). Y también hoy, Jesús es el *pontifex*, es el puente entre nosotros y el Padre. Y Jesús intercede por nosotros, hace ver al Padre las llagas que son el precio de nuestra salvación e intercede. Y Moisés es la figura de Jesús que hoy reza por nosotros, intercede por nosotros.

Moisés nos anima a rezar con el mismo ardor que Jesús, a interceder por el mundo, a recordar que este, a pesar de sus fragilidades, pertenece siempre a Dios. Todos pertenecen a Dios. Los peores pecadores, la gente más malvada, los dirigentes más corruptos son hijos de Dios y Jesús siente esto e intercede por todos. Y el mundo vive y prospera gracias a la bendición del justo, a la oración de piedad, a esta oración de piedad que el santo, el justo, el intercesor, el sacerdote, el obispo, el papa, el laico, cualquier bautizado eleva incesantemente por los hombres, en todo lugar y en todo tiempo de la historia. Pensemos en Moisés, el intercesor. Y cuando nos entren las ganas de condenar a alguien y nos enfademos por dentro —enfadarse hace bien, pero condenar no hace bien— intercedamos por él: esto nos ayudará mucho.

8.
LA ORACIÓN DE DAVID[1]

Queridos hermanos y hermanas, ¡buenos días!

En nuestro itinerario de catequesis sobre la oración, hoy encontramos al rey David. Predilecto de Dios desde que era un muchacho, fue elegido para una misión única, que jugará un papel central en la historia del pueblo de Dios y de nuestra misma fe. En los Evangelios, a Jesús se le llama varias veces "hijo de David"; de hecho, como él, nace en Belén. De la descendencia de David, según las promesas, viene el Mesías: un Rey totalmente según el corazón de Dios, en perfecta obediencia al Padre, cuya acción realiza fielmente su plan de salvación (cf. *Catecismo de la Iglesia Católica*, 2579).

La historia de David comienza en las colinas en torno a Belén, donde pastorea el rebaño su padre, Jesé. Es

---

[1] Audiencia general. Biblioteca del Palacio Apostólico. 24 de junio de 2020.

43

todavía un muchacho, el último de muchos hermanos. Así que cuando el profeta Samuel, por orden de Dios, se pone a buscar el nuevo rey, parece casi que su padre se haya olvidado de aquel hijo más joven (cf. 1 Samuel 16, 1-13). Trabajaba al aire libre: lo imaginamos amigo del viento, de los sonidos de la naturaleza, de los rayos del sol. Tiene una sola compañía para confortar su alma: la cítara; y en las largas jornadas en soledad le gusta tocar y cantar a su Dios. Jugaba también con la honda.

David, por lo tanto, es ante todo *un pastor*: un hombre que cuida de los animales, que los defiende cuando llega el peligro, que les proporciona sustento. Cuando David, por voluntad de Dios, deberá preocuparse del pueblo, no llevará a cabo acciones muy diferentes respecto a estas. Es por eso que en la Biblia la imagen del pastor es recurrente. También Jesús se define como "el buen pastor", su comportamiento es diferente de aquel del mercenario; Él ofrece su vida a favor de las ovejas, las guía, conoce el nombre de cada una de ellas (cf. *Juan* 10, 11-18).

David aprendió mucho de su primera ocupación. Así, cuando el profeta Natán le recrimina su grave pecado (cf. *2 Samuel* 12, 1-15), David entenderá inmediatamente que ha sido un mal pastor, que ha depredado a otro hombre de la única oveja que él amaba, que ya no era un humilde servidor sino un enfermo de poder, un furtivo que mata y saquea.

Un segundo aspecto característico presente en la vocación de David es su alma de poeta. De esta pequeña observación deducimos que David no ha sido un hombre vulgar, como a menudo puede suceder a los individuos obligados a vivir durante mucho tiempo aislados de la sociedad. Es, en cambio, una persona sensible, que ama la música y el canto. La cítara lo acompañará siempre: a veces para elevar a Dios un himno de alegría (cf. *2 Samuel* 6, 16), otras veces para expresar un lamento o para confesar su propio pecado (cf. *Salmos* 51, 3).

El mundo que se presenta ante sus ojos no es una escena muda: su mirada capta, detrás del desarrollo de las cosas, un misterio más grande. La oración nace precisamente de allí: de la convicción de que la vida no es algo que nos resbala, sino que es un misterio asombroso, que en nosotros provoca la poesía, la música, la gratitud, la alabanza o el lamento, la súplica. Cuando a una persona le falta esa dimensión poética, digamos que cuando le falta la poesía, su alma cojea. La tradición quiere por ello que David sea el gran artífice de la composición de los salmos. Estos llevan, a menudo, al inicio, una referencia explícita al rey de Israel, y a algunos de los sucesos más o menos nobles de su vida.

David tiene un sueño: el de ser un buen pastor. Alguna vez será capaz de estar a la altura de esta tarea, otras veces, menos; pero lo que importa, en el contexto de la historia de la salvación, es que sea profecía de otro Rey, del que él es solo anuncio y prefiguración.

Miremos a David, pensemos en David. Santo y pecador, perseguido y perseguidor, víctima y verdugo, que es una contradicción. David fue todo esto, junto. Y también nosotros registramos en nuestra vida trazos a menudo opuestos; en la trama de la vida, todos los hombres pecan a menudo de incoherencia. Hay un solo hilo conductor, en la vida de David, que da unidad a todo lo que sucede: su oración. Esa es la voz que no se apaga nunca. David santo, reza; David pecador, reza; David perseguido, reza; David perseguidor, reza; David víctima, reza. Incluso David verdugo, reza. Este es el hilo conductor de su vida. Un hombre de oración. Esa es la voz que nunca se apaga: tanto si asume los tonos del júbilo como los del lamento, siempre es la misma oración, solo cambia la melodía. Y haciendo así, David nos enseña a poner todo en el diálogo con Dios: tanto la alegría como la culpa, el amor como el sufrimiento, la amistad o una enfermedad. Todo puede convertirse en una palabra dirigida al "Tú" que siempre nos escucha.

David, que ha conocido la soledad, en realidad nunca ha estado solo. Y, en el fondo, esta es la potencia de la oración, en todos aquellos que le dan espacio en su vida. La oración te da nobleza, y David es noble porque reza. Pero es un verdugo que reza, se arrepiente, y la nobleza vuelve gracias a la oración. La oración nos da nobleza: es capaz de asegurar la relación con Dios, que es el verdadero Compañero de camino del hombre, en medio de los miles avatares de la vida, buenos o malos: pero siempre la oración. Gracias, Señor. Tengo miedo, Señor. Ayúdame, Señor. Perdóname, Señor. Es tanta la confianza de David, que cuando era perseguido y debió escapar, no dejó que nadie lo defendiera: «Si mi Dios me humilla así, Él sabe», porque la nobleza de la oración nos deja en las manos de Dios. Esas manos plagadas de amor: las únicas manos seguras que tenemos.

9.
LA ORACIÓN DE ELÍAS[1]

Queridos hermanos y hermanas, ¡buenos días!

Retomamos hoy las catequesis sobre la oración, que interrumpimos para hacer las catequesis sobre el cuidado de la creación y ahora retomamos; y encontramos a uno de los personajes más interesantes de toda la Sagrada Escritura: el profeta Elías. Él va más allá de los confines de su época, y podemos vislumbrar su presencia también en algunos episodios del Evangelio. Aparece junto a Jesús, junto a Moisés, en el momento de la Transfiguración (cfr. *Mt* 17, 3). Jesús mismo se refiere a su figura para acreditar el testimonio de Juan el Bautista (cfr. *Mt* 17, 10-13).

En la Biblia, Elías aparece de repente, de forma misteriosa, procedente de un pequeño pueblo completamente marginal (cfr. *1 Re* 17, 1); y al final saldrá de escena, bajo

---

[1] Audiencia general. Aula Pablo VI. 7 de octubre de 2020.

47

los ojos del discípulo Eliseo, en un carro de fuego que lo sube al cielo (cfr. *2 Re* 2, 11-12). Es por tanto un hombre sin un origen preciso, y sobre todo sin un final, secuestrado en el cielo: por esto su regreso era esperado antes del advenimiento del Mesías, como un precursor. Así se esperaba el regreso de Elías.

La Escritura nos presenta a Elías como un hombre de fe cristalina: en su mismo nombre, que podría significar "Yahveh es Dios", está encerrado el secreto de su misión. Será así durante toda la vida: hombre recto, incapaz de acuerdos mezquinos. Su símbolo es el fuego, imagen del poder purificador de Dios. Él primero será sometido a dura prueba, y permanecerá fiel. Es el ejemplo de todas las personas de fe que conocen tentaciones y sufrimientos, pero no fallan al ideal por el que nacieron.

La oración es la savia que alimenta constantemente su existencia. Por esto es uno de los personajes más queridos por la tradición monástica, tanto que algunos lo han elegido padre espiritual de la vida consagrada a Dios. Elías es el hombre de Dios, que se erige como defensor del primado del Altísimo. Sin embargo, él también se ve obligado a lidiar con sus propias fragilidades. Es difícil decir qué experiencias fueron más útiles: si la derrota de los falsos profetas en el monte Carmelo (cfr. *1 Re* 18, 20-40), o el desconcierto en el que se da cuenta que "no soy mejor que mis padres" (cfr. *1 Re* 19, 4). En el alma de quien reza, el sentido de la propia debilidad es más valioso que los momentos de exaltación, cuando parece que la vida es una cabalgata de victorias y éxitos. En la oración sucede siempre esto: momentos de oración que nosotros sentimos que nos levantan, también de entusiasmo, y momentos de oración de dolor, de aridez, de pruebas. La oración es así: dejarse llevar por Dios y dejarse también golpear por situaciones malas y tentaciones. Esta es una realidad que se encuentra en muchas otras vocaciones bíblicas, también en el Nuevo Testamento, pensemos por ejemplo en san Pedro y san Pablo. También su vida era así: momentos de júbilo y momentos de abatimiento, de sufrimiento.

Elías es el hombre de vida contemplativa y, al mismo tiempo, de vida activa, preocupado por los acontecimientos de su época, capaz de arremeter contra el rey y la reina, después de que habían hecho asesinar a Nabot para apoderarse de su viña (cfr. *1 Re* 21, 1-24). Cuánta necesidad tenemos de creyentes, de cristianos celantes, que actúen delante de personas que tienen responsabilidad de dirección con la valentía de Elías, para decir: «¡Esto no se hace! ¡Esto es un asesinato!». Necesitamos el espíritu de Elías. Él nos muestra que no debe existir dicotomía en la vida de quien reza: se está delante del Señor y se va al encuentro de los hermanos a los que Él envía. La oración no es un encerrarse con el Señor para maquillarse el alma: no, esto no es oración, esto es oración fingida. La oración es un encuentro con Dios y un dejarse enviar para servir a los hermanos. La prueba de la oración es el amor concreto por el prójimo. Y viceversa: los creyentes actúan en el mundo después de estar primero en silencio y haber rezado; de lo contrario su acción es impulsiva, carece de discernimiento, es una carrera frenética sin meta. Los creyentes se comportan así, hacen muchas injusticias, porque no han ido antes donde el Señor a rezar, a discernir qué deben hacer.

Las páginas de la Biblia dejan suponer que también la fe de Elías ha conocido un progreso: también él ha crecido en la oración, la ha refinado poco a poco. El rostro de Dios se ha hecho para él más nítido durante el camino, hasta alcanzar su culmen en esa experiencia extraordinaria, cuando Dios se manifiesta a Elías en el monte (cfr. *1 Re* 19, 9-13).

Se manifiesta no en la tormenta impetuosa, no en el terremoto o en el fuego devorador, sino en el «susurro de una brisa suave» (v. 12). O mejor, una traducción que refleja bien esa experiencia: en un hilo de silencio sonoro. Así se manifiesta Dios a Elías. Es con este signo humilde que Dios se comunica con Elías, que en ese momento es un profeta fugitivo que ha perdido la paz. Dios viene al encuentro de un hombre cansado, un hombre que pensaba haber fracasado en todos los frentes, y con esa brisa suave, con ese hilo de silencio sonoro hace volver a su corazón la calma y la paz.

Esta es la historia de Elías, pero parece escrita para todos nosotros. Algunas noches podremos sentirnos inútiles y solos. Es entonces cuando la oración vendrá y llamará a la puerta de nuestro corazón. Un borde de la capa de Elías podemos recogerlo todos nosotros, como ha recogido la mitad del manto su discípulo Eliseo. E incluso si nos hubiéramos equivocado en algo, o si nos sintiéramos amenazados o asustados, volviendo delante de Dios con la oración, volverán como por milagro también la serenidad y la paz. Esto es lo que nos enseña el ejemplo de Elías.

10.
LA ORACIÓN DE LOS SALMOS (I)[1]

Queridos hermanos y hermanas, ¡buenos días!

Leyendo la Biblia nos encontramos continuamente con oraciones de distinto tipo. Pero encontramos también un libro compuesto solo de oraciones, libro que se ha convertido en patria, lugar de entrenamiento y casa de innumerables orantes. Se trata del *Libro de los Salmos*. Son 150 salmos para rezar.

Forma parte de los libros sapienciales, porque comunica el "saber rezar" a través de la experiencia del diálogo con Dios. En los salmos encontramos todos los sentimientos humanos: las alegrías, los dolores, las dudas, las esperanzas, las amarguras que colorean nuestra vida. El *Catecismo* afirma que cada salmo «es de una sobriedad tal que verdaderamente pueden orar con él los hombres de toda

---

[1] Audiencia general. Aula Pablo VI. 14 de octubre de 2020.

condición y de todo tiempo» (*CIC*, 2588). Leyendo y releyendo los salmos, nosotros aprendemos el lenguaje de la oración. Dios Padre, de hecho, con su Espíritu los ha inspirado en el corazón del rey David y de otros orantes, para enseñar a cada hombre y mujer cómo alabarle, cómo darle gracias y suplicarle, cómo invocarle en la alegría y en el dolor, cómo contar las maravillas de sus obras y de su Ley. En síntesis, los salmos son la palabra de Dios que nosotros humanos usamos para hablar con Él.

En este libro no encontramos personas etéreas, personas abstractas, gente que confunde la oración con la experiencia estética o alienante. Los salmos no son textos nacidos en la mesa; son invocaciones, a menudo dramáticas, que brotan de la vida de la existencia. Para rezarles basta ser lo que somos. No tenemos que olvidar que para rezar bien tenemos que rezar así como somos, no maquillados. No hay que maquillar el alma para rezar. "Señor, yo soy así", e ir delante del Señor como somos, con las cosas bonitas y también con las cosas feas que nadie conoce, pero nosotros, dentro, conocemos. En los salmos escuchamos las voces de orantes de carne y hueso, cuya vida, como la de todos, está plagada de problemas, de fatigas, de incertidumbres. El salmista no responde de forma radical a este sufrimiento: sabe que pertenece a la vida. Sin embargo, en los salmos el sufrimiento se transforma en *pregunta*. Del sufrir al preguntar.

Y entre las muchas preguntas, hay una que permanece suspendida, como un grito incesante que atraviesa todo el libro de lado a lado. Una pregunta, que nosotros la repetimos muchas veces: "¿Hasta cuándo, Señor? ¿Hasta cuándo?". Cada dolor reclama una liberación, cada lágrima invoca un consuelo, cada herida espera una curación, cada calumnia una sentencia absolutoria. "¿Hasta cuándo,

Señor, debo sufrir esto? ¡Escúchame, Señor!": cuántas veces nosotros hemos rezado así, con "¿hasta cuándo?", ¡basta Señor!

Planteando continuamente preguntas de este tipo, los salmos nos enseñan a no volvernos adictos al dolor, y nos recuerdan que la vida no es salvada si no es sanada. La existencia del hombre es un soplo, su historia es fugaz, pero el orante sabe que es valioso a los ojos de Dios, por eso *tiene sentido gritar*. Y esto es importante. Cuando nosotros rezamos, lo hacemos porque sabemos que somos valiosos a los ojos de Dios. Es la gracia del Espíritu Santo que, desde dentro, nos suscita esta conciencia: de ser valiosos a los ojos de Dios. Y por esto se nos induce a orar.

La oración de los salmos es el testimonio de este grito: un grito múltiple, porque en la vida el dolor asume mil formas, y toma el nombre de enfermedad, odio, guerra, persecución, desconfianza… Hasta el "escándalo" supremo, el de la muerte. La muerte aparece en el Salterio como la más irracional enemiga del hombre: ¿qué delito merece un castigo tan cruel, que conlleva la aniquilación y el final? El orante de los salmos pide a Dios intervenir donde todos los esfuerzos humanos son vanos. Por esto la oración, ya en sí misma, es camino de salvación e inicio de salvación.

Todos sufren en este mundo: tanto quien cree en Dios, como quien lo rechaza. Pero en el Salterio el dolor se convierte en *relación:* grito de ayuda que espera interceptar un oído que escuche. No puede permanecer sin sentido, sin objetivo. Tampoco los dolores que sufrimos pueden ser solo casos específicos de una ley universal: son siempre "mis" lágrimas. Pensad en esto: las lágrimas no son universales, son "mis" lágrimas. Cada uno tiene las propias. "Mis" lágrimas y "mi" dolor me empujan a ir adelante con la oración. Son "mis" lágrimas, que nadie ha derramado nunca antes que yo. Sí, muchos han llorado, muchos. Pero "mis" lágrimas son mías, "mi" dolor es mío, "mi" sufrimiento es mío.

Antes de entrar en el Aula, he visto a los padres del sacerdote de la diócesis de Como que fue asesinado; precisamente fue asesinado en su servicio para ayudar. Las lágrimas de esos padres son "sus" lágrimas, y cada uno de ellos sabe cuánto ha sufrido al ver este hijo que ha dado la vida en el servicio de los pobres. Cuando queremos consolar a alguien, no encontramos las palabras. ¿Por qué? Porque no podemos llegar a su dolor, porque "su" dolor es suyo, "sus" lágrimas son suyas. Lo mismo es para nosotros: las lágrimas, "mi" dolor es mío, las lágrimas son "mías" y con estas lágrimas, con este dolor, me dirijo al Señor.

Todos los dolores de los hombres para Dios son sagrados. Así reza el orante del salmo 56: «Tú has anotado los pasos de mi destierro; recoge mis lágrimas en tu odre: ¿acaso no está todo registrado en tu Libro?» (v. 9). Delante de Dios no somos desconocidos, o números. Somos rostros y corazones, conocidos uno a uno, por nombre.

En los salmos, el creyente encuentra una respuesta. Él sabe que, incluso si todas las puertas humanas estuvieran cerradas, la puerta de Dios está abierta. Si incluso todo el mundo hubiera emitido un veredicto de condena, en Dios hay salvación.

"El Señor escucha": a veces en la oración basta saber esto. Los problemas no siempre se resuelven. Quien reza no es un iluso: sabe que muchas cuestiones de la vida de aquí abajo se quedan sin resolver, sin salida; el sufrimiento nos acompañará y, superada la batalla, habrá otras que nos esperan. Pero, si somos escuchados, todo se vuelve más soportable.

Lo peor que puede suceder es sufrir en el abandono, sin ser recordados. De esto nos salva la oración. Porque puede suceder, y también a menudo, que no entendamos los diseños de Dios. Pero nuestros gritos no se estancan aquí abajo: suben hasta Él, que tiene corazón de Padre, y que llora Él mismo por cada hijo e hija que sufre y que muere. Os diré una cosa: a mí me ayuda, en los momentos duros, pensar en los llantos de Jesús, cuando lloró mirando Jerusalén, cuando lloró delante de la tumba de Lázaro. Dios ha llorado por mí, Dios llora, llora por nuestros dolores. Porque Dios ha querido hacerse hombre —decía un escritor espiritual— para poder llorar. Pensar que Jesús llora conmigo en el dolor es un consuelo: nos ayuda a ir adelante. Si nos quedamos en la relación con Él, la vida no nos ahorra los sufrimientos, pero se abre un gran horizonte de bien y se encamina hacia su realización. Ánimo, adelante con la oración. Jesús siempre está junto a nosotros.

11.
LA ORACIÓN DE LOS SALMOS (II)[1]

Queridos hermanos y hermanas, ¡buenos días!

Hoy tendremos que cambiar un poco la forma de realizar esta audiencia por causa del coronavirus. Vosotros estáis separados, también con la protección de la mascarilla, y yo estoy aquí un poco distante y no puedo hacer lo que hago siempre, acercarme a vosotros. Porque sucede que cada vez que yo me acerco, vosotros venís todos juntos y se pierde la distancia, y está el peligro para vosotros del contagio. Siento hacer esto, pero es por vuestra seguridad. En vez de ir cerca de vosotros y darnos la mano y saludar, nos saludamos desde lejos, pero sabed que yo estoy cerca de vosotros con el corazón. Espero que entendáis por qué hago esto. Por otro lado, mientras leían los lectores el pasaje evangélico, me ha llamado la atención ese niño o

---

[1] Audiencia general. Aula Pablo VI. 21 de octubre de 2020.

niña que lloraba. Yo veía a la madre que le acunaba y le amamantaba y he pensado: «Así hace Dios con nosotros, como esa madre». Con cuánta ternura trataba de mover al niño, de amamantar. Son imágenes bellísimas. Y cuando en la iglesia sucede esto, cuando un niño llora, se sabe que ahí está la ternura de una madre, como hoy, está la ternura de una madre, que es el símbolo de la ternura de Dios con nosotros. No mandéis nunca callar a un niño que llora en la iglesia, nunca, porque es la voz que atrae la ternura de Dios. Gracias por tu testimonio.

Completamos hoy la catequesis sobre la oración de los Salmos. Ante todo, notamos que en los Salmos aparece a menudo una figura negativa, la del "impío", es decir aquel o aquella que vive como si Dios no existiera. Es la persona sin ninguna referencia al trascendente, sin ningún freno a su arrogancia, que no teme juicios sobre lo que piensa y lo que hace.

Por esta razón el Salterio presenta la oración como la realidad fundamental de la vida. La referencia al absoluto y al trascendente —que los maestros de ascética llaman el "sagrado temor de Dios"— es lo que nos hace plenamente humanos, es el límite que nos salva de nosotros mismos, impidiendo que nos abalancemos sobre esta vida de forma rapaz y voraz. La oración es la salvación del ser humano.

Cierto, existe también una oración falsa, una oración hecha solo para ser admirados por los otros. Ese o esos que van a misa solamente para demostrar que son católicos o para mostrar el último modelo que han comprado, o para hacer una buena figura social. Van a una oración falsa. Jesús ha advertido fuertemente sobre esto (cfr. *Mt* 6, 5-6; *Lc* 9, 14). Pero cuando el verdadero espíritu de la oración es acogido con sinceridad y desciende al corazón, entonces esta nos hace contemplar la realidad con los ojos mismos de Dios.

Cuando se reza, todo adquiere "espesor". Esto es curioso en la oración, quizá empezamos en una cosa sutil, pero en la oración esa cosa adquiere espesor, adquiere peso, como si Dios la tomara en sus manos y la transformase. El peor servicio que se puede prestar a Dios, y también al hombre, es rezar con cansancio, como si fuera un hábito. Rezar como los loros. No, se reza con el corazón. La oración es el centro de la vida. Si hay oración, también el hermano, la hermana, también el enemigo, se vuelve importante. Un antiguo dicho de los primeros monjes cristianos dice así: «Beato el monje que, después de Dios, considera a todos los hombres como Dios» (Evagrio Póntico, *Tratado sobre la oración*, n. 123). Quien adora a Dios, ama a sus hijos. Quien respeta a Dios, respeta a los seres humanos.

Por esto, la oración no es un calmante para aliviar las ansiedades de la vida; o, de todos modos, una oración de este tipo no es seguramente cristiana. Más bien la oración responsabiliza a cada uno de nosotros. Lo vemos claramente en el "Padre nuestro", que Jesús ha enseñado a sus discípulos.

Para aprender esta forma de rezar, el Salterio es una gran escuela. Hemos visto cómo los salmos no usan siempre palabras refinadas y amables, y a menudo llevan marcadas las cicatrices de la existencia. Sin embargo, todas estas oraciones han sido usadas primero en el Templo de Jerusalén y después en las sinagogas; también las más íntimas y personales. Así se expresa el *Catecismo de la Iglesia Católica*: «Las múltiples expresiones de oración de los Salmos se hacen realidad viva tanto en la liturgia del templo como en el corazón del hombre» (n. 2588). Y así la oración personal toma y se alimenta de la del pueblo de Israel, primero, y de la del pueblo de la Iglesia, después.

También los salmos en primera persona singular, que confían los pensamientos y los problemas más íntimos de un individuo, son patrimonio colectivo, hasta ser rezados por todos y para todos. La oración de los cristianos tiene esta "respiración", esta "tensión" espiritual que mantiene unidos el templo y el mundo. La oración puede comenzar en la penumbra de una nave, pero luego termina su recorrido por las calles de la ciudad. Y viceversa, puede brotar durante las ocupaciones diarias y encontrar cumplimiento en la liturgia. Las puertas de las iglesias no son barreras, sino "membranas" permeables, listas para recoger el grito de todos.

En la oración del Salterio el mundo está siempre presente. Los salmos, por ejemplo, dan voz a la promesa divina de salvación de los más débiles: «Por la opresión de los humildes, por el gemido de los pobres, ahora me alzo yo, dice Yahveh: auxilio traigo a quien por él suspira» (12, 6). O advierten sobre el peligro de las riquezas mundanas, porque «el hombre en la opulencia no comprende, a las bestias mudas se asemeja» (48, 21). O, también, abren el horizonte a la mirada de Dios sobre la historia: «Yahveh frustra el plan de las naciones, hace vanos los proyectos de los pueblos; mas el plan de Yahveh subsiste para siempre, los proyectos de su corazón por todas las edades» (33, 10-11).

En resumen, donde está Dios, también debe estar el hombre. La Sagrada Escritura es categórica: «Nosotros amemos, porque él nos amó primero» (*1 Jn* 4, 19). Él siempre va antes que nosotros. Él nos espera siempre porque nos ama primero, nos mira primero, nos entiende primero. Él nos espera siempre. «Si alguno dice "Amo a Dios", y aborrece a su hermano, es un mentiroso; pues quien no ama a su hermano, a quien ve, no puede amar a Dios a quien no ve» (*1 Jn* 4, 20). Si tú rezas muchos rosarios al día, pero luego chismorreas sobre los otros, y después tienes rencor dentro, tienes odio contra los otros, esto es puro artificio, no es verdad. «Y hemos recibido de él este mandamiento: quien ama a Dios, ame también a su hermano» (*1 Jn* 4, 21). La Escritura admite el caso de una persona que, incluso buscando sinceramente a Dios, nunca logra encontrarlo; pero afirma también que las lágrimas de los pobres no se pueden negar nunca, so pena de no encontrar a Dios. Dios no sostiene el "ateísmo" de quien niega la imagen divina que está impresa en todo ser humano. Ese ateísmo de todos los días: yo creo en Dios, pero con los otros mantengo la distancia y me permito odiar a los otros. Esto es el ateísmo práctico. No reconocer la persona humana como imagen de Dios es un sacrilegio, es una abominación, es la peor ofensa que se puede llevar al templo y al altar.

Queridos hermanos y hermanas, que la oración de los salmos nos ayude a no caer en la tentación de la "impiedad", es decir de vivir, y quizá también de rezar, como si Dios no existiera, y como si los pobres no existieran.

12.
JESÚS, HOMBRE DE ORACIÓN[1]

Queridos hermanos y hermanas, ¡buenos días!

Hoy, en esta audiencia, como hemos hecho en las audiencias precedentes, permaneceré aquí. A mí me gustaría mucho bajar, saludar a cada uno, pero tenemos que mantener las distancias, porque si yo bajo se hace una aglomeración para saludar, y esto está contra los cuidados, las precauciones que debemos tener delante de esta "señora" que se llama Covid y que nos hace tanto daño. Por eso, perdonadme si yo no bajo a saludaros: os saludo desde aquí, pero os llevo a todos en el corazón. Y vosotros, llevadme a mí en el corazón y rezad por mí. A distancia, se puede rezar uno por otro; gracias por la comprensión.

En nuestro itinerario de catequesis sobre la oración, después de haber recorrido el Antiguo Testamento, llegamos

---

63

ahora a Jesús. Y Jesús rezaba. El inicio de su misión pública tiene lugar con el bautismo en el río Jordán. Los evangelistas coinciden al atribuir importancia fundamental a este episodio. Narran que todo el pueblo se había recogido en oración, y especifican que este reunirse tuvo un claro carácter penitencial (cfr. *Mc* 1, 5; *Mt* 3, 8). El pueblo iba donde Juan para bautizarse para el perdón de los pecados: hay un carácter penitencial, de conversión.

El primer acto público de Jesús es por tanto la participación en una oración coral del pueblo, una oración del pueblo que va a bautizarse, una oración penitencial, donde todos se reconocían pecadores. Por esto el Bautista quiso oponerse, y dice: «Soy yo el que necesita ser bautizado por ti, ¿y tú vienes a mí?» (*Mt* 3, 14). El Bautista entiende quién era Jesús. Pero Jesús insiste: el suyo es un acto que obedece a la voluntad del Padre (v. 15), un acto de solidaridad con nuestra condición humana. Él reza con los pecadores del pueblo de Dios. Metamos esto en la cabeza: Jesús es el Justo, no es pecador. Pero Él ha querido descender hasta nosotros, pecadores, y Él reza con nosotros, y cuando nosotros rezamos Él está con nosotros rezando; Él está con nosotros porque está en el cielo rezando por nosotros. Jesús siempre reza con su pueblo, siempre reza con nosotros: siempre. Nunca rezamos solos, siempre rezamos con Jesús. No se queda en la orilla opuesta del río —«Yo soy justo, vosotros pecadores»— para marcar su diversidad y distancia del pueblo desobediente, sino que sumerge sus pies en las mismas aguas de purificación. Se hace como un pecador. Y esta es la grandeza de Dios que envió a su Hijo que se aniquiló a sí mismo y apareció como un pecador.

Jesús no es un Dios lejano, y no puede serlo. La encarnación lo reveló de una manera completa y humanamente impensable. Así, inaugurando su misión, Jesús se pone a la cabeza de un pueblo de penitentes, como encargándose de abrir una brecha a través de la cual todos nosotros, después de Él, debemos tener la valentía de pasar. Pero la vía, el camino, es difícil; pero Él va, abriendo el camino. El *Catecismo de la Iglesia Católica* explica que esta es la novedad de la plenitud de los tiempos. Dice: «La *oración filial*, que el Padre esperaba de sus hijos, va a ser vivida por fin por el propio Hijo único en su Humanidad, con los hombres y en favor de ellos» (n. 2599). Jesús reza con nosotros. Metamos esto en la cabeza y en el corazón: Jesús reza con nosotros.

Ese día, a orillas del río Jordán, está por tanto toda la humanidad, con sus anhelos inexpresados de oración. Está sobre todo el pueblo de los pecadores: esos que pensaban que no podían ser amados por Dios, los que no osaban ir más allá del umbral del templo, los que no rezaban porque no se sentían dignos. Jesús ha venido por todos, también por ellos, y empieza precisamente uniéndose a ellos, a la cabeza.

Sobre todo, el Evangelio de Lucas destaca el clima de oración en el que tuvo lugar el bautismo de Jesús: «Sucedió que cuando todo el pueblo estaba bautizándose, bautizado también Jesús y puesto en oración, se abrió el cielo» (3, 21). Rezando, Jesús abre la puerta de los cielos, y de esa brecha desciende el Espíritu Santo. Y desde lo alto una voz proclama la verdad maravillosa: «Tú eres mi Hijo; yo hoy te he engendrado» (v. 22). Esta sencilla frase encierra un inmenso tesoro: nos hace intuir algo del misterio de Jesús y de su corazón siempre dirigido al Padre. En el torbellino de la vida y el mundo que llegará a condenarlo, incluso en las experiencias más duras y tristes que tendrá que soportar, incluso cuando experimenta que no tiene dónde recostar la cabeza (cfr. *Mt* 8, 20), también cuando el odio y la persecución se desatan a su alrededor, Jesús no se queda nunca sin el refugio de un hogar: habita eternamente en el Padre.

Esta es la grandeza única de la oración de Jesús: el Espíritu Santo toma posesión de su persona y la voz del Padre atestigua que Él es el amado, el Hijo en el que Él se refleja plenamente.

Esta oración de Jesús, que a orillas del río Jordán es totalmente personal —y así será durante toda su vida terrena—, en Pentecostés se convertirá por gracia en la oración de todos los bautizados en Cristo. Él mismo obtuvo este don para nosotros, y nos invita a rezar como Él rezaba.

Por esto, si en una noche de oración nos sentimos débiles y vacíos, si nos parece que la vida haya sido completamente inútil, en ese instante debemos suplicar que la oración de Jesús se haga nuestra. «Yo no puedo rezar hoy, no sé qué hacer: no me siento capaz, soy indigno, indigna». En ese momento, es necesario encomendarse a Él para que rece por nosotros. Él en este momento está delante del Padre rezando por nosotros, es el intercesor; hace ver al Padre las llagas, por nosotros. ¡Tenemos confianza en esto! Si nosotros tenemos confianza, escucharemos entonces una voz del cielo, más fuerte que la que sube de los bajos fondos de nosotros mismos, y escucharemos esta voz susurrando palabras de ternura: «Tú eres el amado de Dios, tú eres hijo, tú eres la alegría del Padre de los cielos». Precisamente por nosotros, para cada uno de nosotros hace eco la palabra del Padre: aunque fuéramos rechazados por todos, pecadores de la peor especie. Jesús no bajó a las aguas del Jordán por sí mismo, sino por todos nosotros. Era todo el pueblo de Dios que se acercaba al Jordán para rezar, para pedir perdón, para hacer ese bautismo de penitencia. Y como dice ese teólogo, se acercaban al Jordán "desnuda el alma y desnudos los pies". Así es la humildad. Para rezar es necesario humildad. Ha abierto los cielos, como Moisés había abierto las aguas del mar Rojo, para que todos pudiéramos pasar detrás de Él. Jesús nos ha regalado su propia oración, que es su diálogo de amor con el Padre. Nos lo dio como una semilla de la Trinidad, que quiere echar raíces en nuestro corazón. ¡Acojámoslo! Acojamos este don, el don de la oración. Siempre con Él. Y no nos equivocaremos.

13.
JESÚS, MAESTRO DE ORACIÓN[1]

Queridos hermanos y hermanas, ¡buenos días!

Lamentablemente hemos tenido que volver a esta audiencia en la Biblioteca para defendernos de los contagios del Covid. Esto nos enseña también que tenemos que estar muy atentos a las indicaciones de las autoridades, tanto de las autoridades políticas como de las autoridades sanitarias, para defendernos de esta pandemia. Ofrecemos al Señor esta distancia entre nosotros por el bien de todos y pensemos, pensemos mucho en los enfermos, en aquellos que entran en los hospitales ya como descartados, pensemos en los médicos, en los enfermeros, las enfermeras, los voluntarios, en tanta gente que trabaja con los enfermos en este momento: ellos arriesgan la vida, pero lo hacen por amor al prójimo, como una vocación. Rezamos por ellos.

---

[1] Audiencia general. Biblioteca del Palacio Apostólico. 4 de noviembre de 2020.

Durante su vida pública, Jesús recurre constantemente a la fuerza de la oración. Los Evangelios nos lo muestran cuando se retira a lugares apartados a rezar. Se trata de observaciones sobrias y discretas, que dejan solo imaginar esos diálogos orantes. Estos testimonian claramente que, también en los momentos de mayor dedicación a los pobres y a los enfermos, Jesús no descuidaba nunca su diálogo íntimo con el Padre. Cuanto más inmerso estaba en las necesidades de la gente, más sentía la necesidad de reposar en la Comunión trinitaria, de volver con el Padre y el Espíritu.

En la vida de Jesús hay, por tanto, un secreto, escondido a los ojos humanos, que representa el núcleo de todo. La oración de Jesús es una realidad misteriosa, de la que intuimos solo algo, pero que permite leer en la justa perspectiva toda su misión. En esas horas solitarias —antes del alba o en la noche—, Jesús se sumerge en su intimidad con el Padre, es decir en el Amor del que toda alma tiene sed. Es lo que emerge desde los primeros días de su ministerio público.

Un sábado, por ejemplo, la pequeña ciudad de Cafarnaún se transforma en un "hospital de campaña": después del atardecer llevan a Jesús a todos los enfermos, y Él les sana. Pero, antes del alba, Jesús desaparece: se retira a un lugar solitario y reza. Simón y los otros le buscan y cuando le encuentran, le dicen: «¡Todos te buscan!». ¿Qué responde Jesús?: «Vayamos a otra parte, a los pueblos vecinos, para que también allí predique; pues para eso he salido» (cfr *Mc* 1, 35-38). Jesús siempre está más allá, más allá en la oración con el Padre y más allá, en otros pueblos, otros horizontes para ir a predicar, otros pueblos.

La oración es el timón que guía la ruta de Jesús. Las etapas de su misión no son dictadas por los éxitos, ni el consenso, ni esa frase seductora "todos te buscan". La vía menos cómoda es la que traza el camino de Jesús, pero que obedece a la inspiración del Padre, que Jesús escucha y acoge en su oración solitaria.

El Catecismo afirma: «Con su oración, Jesús nos enseña a orar» (n. 2607). Por eso, del ejemplo de Jesús podemos extraer algunas características de la oración cristiana.

Ante todo, posee una primacía: es el primer deseo del día, algo que se practica al alba, antes de que el mundo se despierte. Restituye un alma a lo que de otra manera se quedaría sin aliento. Un día vivido sin oración corre el riesgo de transformarse en una experiencia molesta, o aburrida: todo lo que nos sucede podría convertirse para nosotros en un destino mal soportado y ciego. Jesús sin embargo educa en la obediencia a la realidad y por tanto a la escucha. La oración es sobre todo escucha y encuentro con Dios. Los problemas de todos los días, entonces, no se convierten en obstáculos, sino en llamamientos de Dios mismo a escuchar y encontrar a quien está de frente. Las pruebas de la vida cambian así en ocasiones para crecer en la fe y en la caridad. El camino cotidiano, incluidas las fatigas, adquiere la perspectiva de una "vocación". La oración tiene el poder de transformar en bien lo que en la vida de otro modo sería una condena; la oración tiene el poder de abrir un horizonte grande a la mente y de agrandar el corazón.

En segundo lugar, la oración es un arte para practicar con insistencia. Jesús mismo nos dice: llamad, llamad, llamad. Todos somos capaces de oraciones episódicas, que nacen de la emoción de un momento; pero Jesús nos educa en otro tipo de oración: la que conoce una disciplina, un ejercicio y se asume dentro de una regla de vida. Una oración perseverante produce una transformación progresiva, hace fuertes en los períodos de tribulación, dona la gracia de ser sostenidos por Aquel que nos ama y nos protege siempre.

Otra característica de la oración de Jesús es la soledad. Quien reza no se evade del mundo, sino que prefiere los lugares desiertos. Allí, en el silencio, pueden emerger muchas voces que escondemos en la intimidad: los deseos más reprimidos, las verdades que persistimos en sofocar, etc. Y sobre todo, en el silencio habla Dios. Toda persona necesita de un espacio para sí misma, donde cultivar la propia vida interior, donde las acciones encuentran un sentido. Sin vida interior nos convertimos en superficiales, inquietos, ansiosos —¡qué mal nos hace la ansiedad!—. Por esto tenemos que ir a la oración; sin vida interior huimos de la realidad, y también huimos de nosotros mismos, somos hombres y mujeres siempre en fuga.

Finalmente, la oración de Jesús es el lugar donde se percibe que todo viene de Dios y a Él vuelve. A veces nosotros, los seres humanos, nos creemos dueños de todo, o al contrario perdemos toda estima por nosotros mismos, vamos de un lado para otro. La oración nos ayuda a encontrar la dimensión adecuada, en la relación con Dios, nuestro Padre, y con toda la creación. Y la oración de Jesús finalmente es abandonarse en las manos del Padre, como Jesús en el huerto de los olivos, en esa angustia: «Padre si es posible…, pero que se haga tu voluntad». El abandono en las manos del Padre. Es bonito cuando nosotros estamos inquietos, un poco preocupados y el Espíritu Santo nos transforma desde dentro y nos lleva a este abandono en las manos del Padre: «Padre, que se haga tu voluntad».

Queridos hermanos y hermanas, redescubramos en el Evangelio a Jesucristo como maestro de oración, y sigamos su ejemplo. Os aseguro que encontraremos la alegría y la paz.

14.
LA ORACIÓN PERSEVERANTE[1]

Queridos hermanos y hermanas, ¡buenos días!

Seguimos con las catequesis sobre la oración. Alguien me ha dicho: «Usted habla demasiado sobre la oración. No es necesario». Sí, es necesario. Porque si nosotros no rezamos, no tendremos la fuerza para ir adelante en la vida. La oración es como el oxígeno de la vida. La oración es atraer sobre nosotros la presencia del Espíritu Santo, que nos lleva siempre adelante. Por esto yo hablo tanto de la oración.

Jesús ha dado ejemplo de una oración continua, practicada con perseverancia. El diálogo constante con el Padre, en el silencio y en el recogimiento, es el fundamento de toda su misión. Los Evangelios nos cuentan también de sus exhortaciones a los discípulos, para que recen con insistencia, sin

______

[1] Audiencia general. Biblioteca del Palacio Apostólico. 11 de noviembre de 2020.

cansarse. El Catecismo recuerda las tres parábolas contenidas en el Evangelio de Lucas que subrayan esta característica de la oración de Jesús (cfr. *CCE*, 2613).

La oración debe ser sobre todo tenaz: como el personaje de la parábola que, teniendo que acoger un huésped que llega de improviso, en mitad de la noche va a llamar a un amigo y le pide pan. El amigo responde: "¡no!", porque ya está en la cama, pero él insiste e insiste hasta que le obliga a alzarse y a darle el pan (cfr. *Lc* 11, 5-8). Una petición tenaz. Pero Dios es más paciente que nosotros, y quien llama con fe y perseverancia a la puerta de su corazón no queda decepcionado. Dios siempre responde. Siempre. Nuestro Padre sabe bien qué necesitamos; la insistencia no sirve para informarle o convencerle, sino para alimentar en nosotros el deseo y la espera.

La segunda parábola es la de la viuda que se dirige al juez para que la ayude a obtener justicia. Este juez es corrupto, es un hombre sin escrúpulos, pero al final, exasperado por la insistencia de la viuda, decide complacerla (cfr. *Lc* 18, 1-8). Y piensa: «Es mejor que le resuelva el problema y me la quito de encima, y así no viene continuamente a quejarse delante de mí». Esta parábola nos hace entender que la fe no es el impulso de un momento, sino una disposición valiente a invocar a Dios, también a "discutir" con Él, sin resignarse frente al mal y la injusticia.

La tercera parábola presenta a un fariseo y un publicano que van al Templo a rezar. El primero se dirige a Dios presumiendo de sus méritos; el otro se siente indigno incluso solo por entrar en el santuario. Pero Dios no escucha la oración del primero, es decir, de los soberbios, mientras escucha la de los humildes (cfr. *Lc* 18, 9-14). No hay verdadera oración sin espíritu de humildad. Es precisamente la humildad la que nos lleva a pedir en la oración.

La enseñanza del Evangelio es clara: se debe rezar siempre, también cuando todo parece vano, cuando Dios parece sordo y mudo, y nos parece que perdemos el tiempo. Incluso si el cielo se ofusca, el cristiano no deja de rezar. Su oración va a la par que la fe. Y la fe, en muchos días de nuestra vida, puede parecer una ilusión, un cansancio estéril. Hay momentos oscuros en nuestra vida, y en esos momentos la fe parece una ilusión. Pero practicar la oración significa también aceptar este cansancio. «Padre, yo voy a rezar y no siento nada... me siento así, con el corazón seco, con el corazón árido». Pero tenemos que ir adelante, con este cansancio de los momentos malos, de los momentos en que no sentimos nada. Muchos santos y santas han experimentado la noche de la fe y el silencio de Dios —cuando nosotros llamamos y Dios no responde— y han sido perseverantes.

En estas noches de la fe, quien reza nunca está solo. Jesús, de hecho, no es solo testigo y maestro de oración, es más. Él nos acoge en su oración, para que nosotros podamos rezar en Él y a través de Él. Y esto es obra del Espíritu Santo. Es por esta razón que el Evangelio nos invita a rezar al Padre en el nombre de Jesús. San Juan escribe estas palabras del Señor: «Y todo lo que pidáis en mi nombre, yo lo haré, para que el Padre sea glorificado en el Hijo» (14, 13). Y el Catecismo explica que «la certeza de ser escuchados en nuestras peticiones se funda en la oración de Jesús» (n. 2614). Esta dona las alas que la oración del hombre siempre ha deseado poseer.

Cómo no recordar aquí las palabras del salmo 91, cargadas de confianza, que nacen de un corazón que espera todo de Dios: «Te cubrirá con su plumaje, un refugio hallarás bajo sus alas. Escudo y adarga es su lealtad. No temerás el terror de la noche, ni la saeta que de día vuela, ni la peste que avanza en las tinieblas, ni el azote que devasta a mediodía» (vv. 4-7). Es en Cristo que se cumple esta maravillosa oración, es en Él que encuentra su plena verdad. Sin Jesús, nuestras oraciones correrían el riesgo de reducirse a los esfuerzos humanos, destinados la mayor parte de las veces al fracaso. Pero Él ha tomado sobre sí cada grito, cada lamento, cada júbilo, cada súplica… cada oración humana. Y no olvidemos al Espíritu Santo, que reza en nosotros; es Aquel que nos lleva a rezar, nos lleva a Jesús. Es el don que el Padre y el Hijo nos han dado para proceder al encuentro de Dios. Y el Espíritu Santo, cuando nosotros rezamos, es quien reza en nuestros corazones.

Cristo es todo para nosotros, también en nuestra vida de oración. Lo decía san Agustín con una expresión iluminante, que encontramos también en el Catecismo: Jesús «ora por nosotros como sacerdote nuestro; ora en nosotros como cabeza nuestra; a Él se dirige nuestra oración como a Dios nuestro. Reconozcamos, por tanto, en Él nuestras voces; y la voz de Él, en nosotros» (n. 2616). Es por esto que el cristiano que reza no teme nada, se encomienda al Espíritu Santo, que se nos ha dado como don y que reza en nosotros, suscitando la oración. Que sea el mismo Espíritu Santo, Maestro de oración, quien nos enseñe el camino de la oración.

15.
LA VIRGEN MARÍA,
MUJER DE ORACIÓN[1]

Queridos hermanos y hermanas, ¡buenos días!

En nuestro camino de catequesis sobre la oración, hoy encontramos a la Virgen María, como *mujer orante*. La Virgen rezaba. Cuando el mundo todavía la ignora, cuando es una sencilla joven prometida con un hombre de la casa de David, María reza. Podemos imaginar a la joven de Nazaret recogida en silencio, en continuo diálogo con Dios, que pronto le encomendaría su misión. Ella está ya llena de gracia e inmaculada desde la concepción, pero todavía no sabe nada de su sorprendente y extraordinaria vocación, y del mar tempestuoso que tendrá que navegar. Algo es seguro: María pertenece al gran grupo de los humildes de corazón a quienes los historiadores oficiales no incluyen en sus libros, pero con quienes Dios ha preparado la venida de su Hijo.

---

[1] Audiencia general. Biblioteca del Palacio Apostólico. 18 de noviembre de 2020.

María no dirige autónomamente su vida: espera que Dios tome las riendas de su camino y la guíe donde Él quiere. Es dócil, y con su disponibilidad predispone los grandes eventos que involucran a Dios en el mundo. El *Catecismo* nos recuerda su presencia constante y atenta en el designio amoroso del Padre y a lo largo de la vida de Jesús (cfr. *CCE*, 2617-2618).

María está en oración, cuando el arcángel Gabriel viene a traerle el anuncio a Nazaret. Su "he aquí", pequeño e inmenso, que en ese momento hace saltar de alegría a toda la creación, ha estado precedido en la historia de la salvación de muchos otros "he aquí", de muchas obediencias confiadas, de muchas disponibilidades a la voluntad de Dios. No hay mejor forma de rezar que ponerse como María en una actitud de apertura, de corazón abierto a Dios: «Señor, lo que Tú quieras, cuando Tú quieras y como Tú quieras». Es decir, el corazón abierto a la voluntad de Dios. Y Dios siempre responde. ¡Cuántos creyentes viven así su oración! Los que son más humildes de corazón, rezan así, con la humildad esencial, sencilla: «Señor, lo que Tú quieras, cuando Tú quieras y como Tú quieras». Y rezan así, no enfadándose porque los días están llenos de problemas, sino yendo al encuentro de la realidad y sabiendo que, en el amor humilde, en el amor ofrecido en cada situación, nos convertimos en instrumentos de la gracia de Dios. Señor, lo que Tú quieras, cuando Tú quieras y como Tú quieras. Una oración sencilla, pero es poner nuestra vida en manos del Señor, para que sea Él quien nos guíe. Todos podemos rezar así, casi sin palabras.

La oración sabe calmar la inquietud: pero, nosotros somos inquietos, siempre queremos las cosas antes de pedirlas y las queremos en seguida. Esta inquietud nos hace daño, y la oración sabe calmar la inquietud, sabe transformarla en disponibilidad. Cuando estoy inquieto, rezo, y la oración me abre el corazón y me vuelve disponible a la voluntad de Dios. La Virgen María, en esos breves instantes de la Anunciación, ha sabido rechazar el miedo, aun presagiando que su "sí" le acarrearía pruebas muy duras. Si en la oración comprendemos que cada día donado por Dios es una llamada, entonces agrandamos el corazón y acogemos todo. Se aprende a decir: «Lo que Tú quieras, Señor. Prométeme solo que estarás presente en cada paso de mi camino». Esto es lo importante: pedir al Señor su presencia en cada paso de nuestro camino: que no nos deje solos, que no nos abandone en la tentación, que no nos abandone en los momentos difíciles. Ese final del Padre Nuestro es así: la gracia que Jesús mismo nos ha enseñado a pedir al Señor.

María acompaña en oración toda la vida de Jesús, hasta la muerte y la resurrección; y al final continúa, y acompaña los primeros pasos de la Iglesia naciente (cfr. *Hch* 1, 14). María reza con los discípulos que han atravesado el escándalo de la cruz. Reza con Pedro, que ha cedido al miedo y ha llorado por el arrepentimiento. María está ahí, con los discípulos, en medio de los hombres y las mujeres que su Hijo ha llamado a formar su Comunidad. ¡María no hace el sacerdote entre ellos, no! Es la Madre de Jesús que reza con ellos, en comunidad, como una de la comunidad. Reza con ellos y reza por ellos. Y, nuevamente, su oración precede el futuro que está por cumplirse: por obra del Espíritu Santo se ha convertido en Madre de Dios, y por obra del Espíritu Santo, se convierte en Madre de la Iglesia. Rezando con la Iglesia naciente se convierte en Madre de la Iglesia, acompaña a los discípulos en los primeros pasos de la Iglesia en la oración, esperando al Espíritu Santo.

En silencio, siempre en silencio. La oración de María es silenciosa. El Evangelio nos cuenta solamente una oración de María: en Caná, cuando pide a su Hijo, para esa pobre gente, que va a quedar mal en la fiesta. Pero, imaginemos: ¡hacer una fiesta de boda y terminarla con leche porque no había vino! ¡Eso es quedar mal! Y Ella, reza y pide al Hijo que resuelva ese problema. La presencia de María es por sí misma oración, y su presencia entre los discípulos en el Cenáculo, esperando el Espíritu Santo, está en oración. Así María da a luz a la Iglesia, es Madre de la Iglesia. El Catecismo explica: «En la fe de su humilde esclava, el don de Dios encuentra la acogida que esperaba desde el comienzo de los tiempos» (*CCE*, 2617).

En la Virgen María, la natural intuición femenina es exaltada por su singular unión con Dios en la oración. Por esto, leyendo el Evangelio, notamos que algunas veces parece que ella desaparece, para después volver a aflorar en los momentos cruciales: María está abierta a la voz de Dios que guía su corazón, que guía sus pasos allí donde hay necesidad de su presencia. Presencia silenciosa de madre y de discípula. María está presente porque es Madre, pero también está presente porque es la primera discípula, la que ha aprendido mejor las cosas de Jesús. María nunca dice: «Venid, yo resolveré las cosas». Sino que dice: «Haced lo que Él os diga», siempre señalando con el dedo a Jesús. Esta actitud es típica del discípulo, y ella es la primera discípula: reza como Madre y reza como discípula.

«María, por su parte, guardaba todas estas cosas, y las meditaba en su corazón» (*Lc* 2, 19). Así el evangelista Lucas retrata a la Madre del Señor en el Evangelio de la infancia. Todo lo que pasa a su alrededor termina teniendo un reflejo en lo más profundo de su corazón: los días llenos de alegría, como los momentos más oscuros, cuando

80

también a ella le cuesta comprender por qué camino debe pasar la Redención. Todo termina en su corazón, para que pase la criba de la oración y sea transfigurado por ella. Ya sean los regalos de los Magos, o la huida en Egipto, hasta ese tremendo viernes de pasión: la Madre guarda todo y lo lleva a su diálogo con Dios. Algunos han comparado el corazón de María con una perla de esplendor incomparable, formada y suavizada por la paciente acogida de la voluntad de Dios a través de los misterios de Jesús meditados en la oración. ¡Qué bonito si nosotros también podemos parecernos un poco a nuestra Madre! Con el corazón abierto a la Palabra de Dios, con el corazón silencioso, con el corazón obediente, con el corazón que sabe recibir la Palabra de Dios y la deja crecer con una semilla del bien de la Iglesia.

16.
LA ORACIÓN DE LA IGLESIA NACIENTE[1]

Queridos hermanos y hermanas, ¡buenos días!

Los primeros pasos de la Iglesia en el mundo estuvieron marcados por la oración. Los escritos apostólicos y la gran narración de los *Hechos de los Apóstoles* nos devuelven la imagen de una Iglesia en camino, una Iglesia trabajadora, pero que encuentra en las reuniones de oración la base y el impulso para la acción misionera. La imagen de la comunidad primitiva de Jerusalén es punto de referencia para cualquier otra experiencia cristiana. Escribe Lucas en el Libro de los Hechos: «Acudían asiduamente a la enseñanza de los apóstoles, a la comunión, a la fracción del pan y a las oraciones» (2, 42). La comunidad persevera en la oración.

Encontramos aquí cuatro características esenciales de la vida eclesial: la escucha de la enseñanza de los

______

[1] Audiencia general. Biblioteca del Palacio Apostólico. 25 de noviembre de 2020.

apóstoles, primero; segundo, la custodia de la comunión recíproca; tercero, la fracción del pan y, cuarto, la oración. Estas nos recuerdan que la existencia de la Iglesia tiene sentido si permanece firmemente unida a Cristo, es decir en la comunidad, en su Palabra, en la Eucaristía y en la oración. Es el modo de unirnos, nosotros, a Cristo. La predicación y la catequesis testimonian las palabras y los gestos del Maestro; la búsqueda constante de la comunión fraterna preserva de egoísmos y particularismos; la fracción del pan realiza el sacramento de la presencia de Jesús en medio de nosotros: Él no estará nunca ausente, en la Eucaristía es Él. Él vive y camina con nosotros. Y finalmente la oración, que es el espacio del diálogo con el Padre, mediante Cristo en el Espíritu Santo.

Todo lo que en la Iglesia crece fuera de estas "coordenadas", no tiene fundamento. Para discernir una situación tenemos que preguntarnos cómo, en esta situación, están estas cuatro coordenadas: la predicación, la búsqueda constante de la comunión fraterna —la caridad—, la fracción del pan —es decir la vida eucarística— y la oración. Cualquier situación debe ser valorada a la luz de estas cuatro coordenadas. Lo que no entra en estas coordenadas está privado de eclesialidad, no es eclesial. Es Dios quien hace la Iglesia, no el clamor de las obras. La Iglesia no es un mercado, la Iglesia no es un grupo de empresarios que van adelante con esta nueva empresa. La Iglesia es obra del Espíritu Santo, que Jesús nos ha enviado para reunirnos. La Iglesia es precisamente el trabajo del Espíritu en la comunidad cristiana, en la vida comunitaria, en la Eucaristía, en la oración, siempre. Y todo lo que crece fuera de estas coordenadas no tiene fundamento, es como una casa construida sobre arena (cfr. *Mt* 7, 24-27). Es Dios quien hace la Iglesia, no el clamor de las obras. Es la palabra de Jesús la que llena de sentido nuestros esfuerzos. Es en la humildad que se construye el futuro del mundo.

A veces, siento una gran tristeza cuando veo alguna comunidad que, con buena voluntad, se equivoca de camino porque piensa que hace Iglesia en mítines, como si fuera un partido político: la mayoría, la minoría, qué piensa este, ese, el otro… «Esto es como un Sínodo, un camino sinodal que nosotros debemos hacer». Yo me pregunto: ¿dónde está el Espíritu Santo, ahí? ¿Dónde está la oración? ¿Dónde el amor comunitario? ¿Dónde la Eucaristía? Sin estas cuatro coordenadas, la Iglesia se convierte en una sociedad humana, un partido político —mayoría, minoría—, los cambios se hacen como si fuera una empresa, por mayoría o minoría… Pero no está el Espíritu Santo. Y la presencia del Espíritu Santo está precisamente garantizada por estas cuatro coordenadas. Para valorar una situación, si es eclesial o no es eclesial, preguntémonos si están estas cuatro coordenadas: la vida comunitaria, la oración, la Eucaristía… [la predicación], cómo se desarrolla la vida en estas cuatro coordenadas. Si falta esto, falta el Espíritu, y si falta el Espíritu nosotros seremos una bonita asociación humanitaria, de beneficencia, bien, bien, también un partido, digamos así, eclesial, pero allí no estará la Iglesia. Y por esto la Iglesia no puede crecer por estas cosas: crece no por proselitismo, como cualquier empresa: crece por atracción. ¿Y quién mueve la atracción? El Espíritu Santo. No olvidemos nunca esta palabra de Benedicto XVI. «La Iglesia no crece por proselitismo, crece por atracción». Si falta el Espíritu Santo, que es lo que atrae a Jesús, ahí no está la Iglesia. Hay un bonito club de amigos, bien, con buenas intenciones, pero no está la Iglesia, no hay sinodalidad.

Leyendo los Hechos de los Apóstoles descubrimos entonces cómo el poderoso motor de la evangelización son las reuniones de oración, donde quien participa experimenta en vivo la presencia de Jesús y es tocado por el Espíritu. Los miembros de la primera comunidad —esto vale siempre, también para nosotros hoy— perciben que la historia del encuentro con Jesús no se detuvo en el momento de la Ascensión, sino que continúa en su vida. Contando lo que ha dicho y hecho el Señor —la escucha de la Palabra—, rezando para entrar en comunión con Él, todo se vuelve vivo. La oración infunde luz y calor: el don del Espíritu hace nacer en ellos el fervor.

Al respecto, el *Catecismo* tiene una expresión muy profunda. Dice así: «El Espíritu Santo, que recuerda así a Cristo ante su Iglesia orante, conduce a esta también hacia la Verdad plena, y suscita nuevas formulaciones que expresarán el insondable Misterio de Cristo que actúa en la vida, los sacramentos y la misión de su Iglesia» (n. 2625). Esta es la obra del Espíritu en la Iglesia: recordar a Jesús. Jesús mismo lo ha dicho: Él os enseñará y os recordará. La misión es recordar a Jesús, pero no como un ejercicio mnemónico. Los cristianos, caminando por los senderos de la misión, recuerdan a Jesús haciéndolo presente nuevamente; y de Él, de su Espíritu, reciben el "impulso" para ir, para anunciar, para servir. En la oración, el cristiano se sumerge en el misterio de Dios que ama a cada hombre, ese Dios que desea que el Evangelio sea predicado a todos. Dios es Dios para todos, y en Jesús todo muro de separación es definitivamente derrumbado: como dice san Pablo, Él es nuestra paz, es decir, «el que de los dos pueblos hizo uno» (*Ef* 2, 14). Jesús ha hecho la unidad.

Así la vida de la Iglesia primitiva está marcada por una sucesión continua de celebraciones, convocatorias, tiempos de oración tanto comunitaria como personal. Y es el Espíritu quien concede fuerza a los predicadores que se ponen en viaje, y que por amor de Jesús surcan los mares, enfrentan peligros, se someten a humillaciones.

Dios dona amor, Dios pide amor. Esta es la raíz mística de toda la vida creyente. Los primeros cristianos en oración, pero también nosotros que venimos varios siglos después, vivimos todos la misma experiencia. El Espíritu anima todo. Y todo cristiano que no tiene miedo de dedicar tiempo a la oración puede hacer propias las palabras del apóstol Pablo: «La vida que vivo al presente en la carne, la vivo en la fe del Hijo de Dios, que me amó y se entregó a sí mismo por mí» (*Gal* 2, 20). La oración te hace consciente de esto. Solo en el silencio de la adoración se experimenta toda la verdad de estas palabras. Tenemos que retomar el sentido de la adoración. Adorar, adorar a Dios, adorar a Jesús, adorar al Espíritu. El Padre, el Hijo y el Espíritu: adorar. En silencio. La oración de la adoración es la oración que nos hace reconocer a Dios como principio y fin de toda la historia. Y esta oración es el fuego vivo del Espíritu que da fuerza al testimonio y a la misión. Gracias.

17.
LA BENDICIÓN[1]

Queridos hermanos y hermanas, ¡buenos días!

Hoy nos detenemos en una dimensión esencial de la oración: la bendición. Continuamos las reflexiones sobre la oración. En las narraciones de la creación (cfr. *Gen* 1-2) Dios continuamente bendice la vida, siempre. Bendice a los animales (1, 22), bendice al hombre y a la mujer (1, 28), finalmente bendice el sábado, día de reposo y del disfrute de toda la creación (2, 3). Es Dios quien bendice. En las primeras páginas de la Biblia es un continuo repetirse de bendiciones. Dios bendice, pero también los hombres bendicen, y pronto se descubre que la bendición posee una fuerza especial, que acompaña para toda la vida a quien la recibe, y dispone el corazón del hombre a dejarse cambiar por Dios (Conc. Ecum. Vat. II, Const. *Sacrosanctum Concilium*, 61).

---

[1] Audiencia general. Biblioteca del Palacio Apostólico. 2 de diciembre de 2020.

Al principio del mundo está Dios que "dice-bien", biendice, dice-bien. Él ve que cada obra de sus manos es buena y bella, y cuando llega al hombre, y la creación se realiza, reconoce que «estaba muy bien» (*Gen* 1, 31). Poco después, esa belleza que Dios ha impreso en su obra se alterará, y el ser humano se convertirá en una criatura degenerada, capaz de difundir el mal y la muerte por el mundo; pero nada podrá cancelar nunca la primera huella de Dios, una huella de bondad que Dios ha puesto en el mundo, en la naturaleza humana, en todos nosotros: la capacidad de bendecir y el hecho de ser bendecidos. Dios no se ha equivocado con la creación y tampoco con la creación del hombre. La *esperanza del mundo* reside completamente *en la bendición de Dios*: Él sigue *queriéndonos*. Él el primero, como dice el poeta Péguy[2], sigue esperando nuestro bien.

La gran bendición de Dios es Jesucristo, es el gran don de Dios, su Hijo. Es una bendición para toda la humanidad, es una bendición que nos ha salvado a todos. Él es la Palabra eterna con la que el Padre nos ha bendecido «siendo nosotros todavía pecadores» (*Rm* 5, 8) dice san Pablo: Palabra hecha carne y ofrecida por nosotros en la cruz.

San Pablo proclama con emoción el plan de amor de Dios y dice así: «Bendito sea el Dios y Padre de nuestro Señor Jesucristo, que nos ha bendecido con toda clase de bendiciones espirituales, en los cielos, en Cristo; por cuanto nos ha elegido en él antes de la fundación del mundo, para ser santos e inmaculados en su presencia, en el amor; eligiéndonos de antemano para ser sus hijos adoptivos por medio de Jesucristo, según el beneplácito de su voluntad, para alabanza de la gloria de su gracia

---

[2] *Le porche du mystère de la deuxième vertu*, 1.ª ed. 1911. Ed. es. *El pórtico del misterio de la segunda virtud.*

con la que nos agració en el Amado» (*Ef* 1, 3-6). No hay pecado que pueda cancelar completamente la imagen del Cristo presente en cada uno de nosotros. Ningún pecado puede cancelar esa imagen que Dios nos ha dado a nosotros. La imagen de Cristo. Puede desfigurarla, pero no puede quitarla de la misericordia de Dios. Un pecador puede permanecer en sus errores durante mucho tiempo, pero Dios es paciente hasta el último instante, esperando que al final ese corazón se abra y cambie. Dios es como un buen padre y como una buena madre, también Él es una buena madre: ellas nunca dejan de amar a su hijo, por mucho que se equivoque, siempre. Me viene a la mente las muchas veces que he visto a la gente hacer fila para entrar en la cárcel. Muchas madres en fila para entrar y ver a su hijo preso: no dejan de amar al hijo, y ellas saben que la gente que pasa en el autobús dice «Ah, esa es la madre del preso». Y sin embargo no tienen vergüenza por esto; o mejor, tienen vergüenza, pero van adelante, porque es más importante el hijo que la vergüenza. Así, nosotros para Dios somos más importantes que todos los pecados que podamos hacer, porque Él es padre, es madre, es amor puro, Él nos ha bendecido para siempre. Y no dejará nunca de bendecirnos.

Una experiencia intensa es la de leer estos textos bíblicos de bendición en una prisión, o en un centro de desintoxicación. Hacer sentir a esas personas que permanecen bendecidas no obstante sus graves errores, que el Padre celeste sigue queriendo su bien y esperando que se abran finalmente al bien. Si incluso sus parientes más cercanos les han abandonado, porque ya les juzgan como irrecuperables, para Dios son siempre hijos. Dios no puede cancelar en nosotros la imagen de hijo, cada uno de nosotros es hijo, es hija. A veces ocurren milagros: hombres y mujeres que renacen.

Porque encuentran esta bendición que les ha ungido como hijos. Porque la gracia de Dios cambia la vida: nos toma como somos, pero no nos deja nunca como somos.

Pensemos en lo que hizo Jesús con Zaqueo (cfr. *Lc* 19, 1-10), por ejemplo. Todos veían en él el mal; Jesús sin embargo ve un destello de bien, y de ahí, de su curiosidad por ver a Jesús, hace pasar la misericordia que salva. Así cambió primero el corazón y después la vida de Zaqueo. En las personas marginadas y rechazadas, Jesús veía la indeleble bendición del Padre. Zaqueo es un pecador público, ha hecho muchas cosas malas, pero Jesús veía ese signo indeleble de la bendición del Padre y de ahí su compasión. Esa frase que se repite tanto en el Evangelio, "tuvo compasión", es la que lo lleva a ayudarlo y a cambiarle el corazón. Es más, llegó a identificarse a sí mismo con cada persona necesitada (cfr. *Mt* 25, 31-46). En el pasaje del "protocolo" final sobre el cual todos nosotros seremos juzgados (Mateo 25), Jesús dice: «Yo estaba hambriento, yo estaba desnudo, yo estaba en la cárcel, yo estaba en el hospital, yo estaba ahí...».

Ante la bendición de Dios, también nosotros respondemos bendiciendo —Dios nos ha enseñado a bendecir y nosotros debemos bendecir—: es la oración de alabanza, de adoración, de acción de gracias. El *Catecismo* escribe: «La oración de bendición es la respuesta del hombre a los dones de Dios: porque Dios bendice, el corazón del hombre puede bendecir a su vez a Aquel que es la fuente de toda bendición» (n. 2626). La oración es alegría y reconocimiento. Dios no ha esperado que nos convirtiéramos para comenzar a amarnos, sino que nos ha amado primero, cuando todavía estábamos en el pecado.

No podemos solo bendecir a este Dios que nos bendice, debemos bendecir todo en Él, toda la gente, bendecir a Dios y bendecir a los hermanos, bendecir el mundo: esta es la raíz de la mansedumbre cristiana, la capacidad de sentirse bendecidos y la capacidad de bendecir. Si todos nosotros hiciéramos así, seguramente no existirían las guerras. Este mundo necesita bendición, y nosotros podemos dar la bendición y recibir la bendición. El Padre nos ama. Y a nosotros nos queda tan solo la alegría de bendecirlo y la alegría de darle gracias, y de aprender de Él a no maldecir, sino a bendecir. Y aquí digo solamente una palabra para la gente que está acostumbrada a maldecir, la gente que tiene siempre en la boca, también en el corazón, una palabra fea, una maldición. Cada uno de nosotros puede pensar: ¿yo tengo esta costumbre de maldecir así? Si es así, hemos de pedir al Señor la gracia de cambiar esta costumbre, para tener un corazón bendecido, pues de un corazón bendecido no puede salir una maldición. Que el Señor nos enseñe a no maldecir nunca, sino a bendecir.

18.
LA ORACIÓN DE SÚPLICA[1]

Queridos hermanos y hermanas, ¡buenos días!

Continuamos con nuestras reflexiones sobre la oración. La oración cristiana es plenamente humana —nosotros rezamos como personas humanas, como lo que somos—, e incluye la alabanza y la súplica. De hecho, cuando Jesús enseñó a sus discípulos a rezar, lo hizo con el "Padrenuestro", para que nos pongamos con Dios en la relación de confianza filial y le dirijamos todas nuestras necesidades. Suplicamos a Dios por los dones más sublimes: la santificación de su nombre entre los hombres, el advenimiento de su señoría, la realización de su voluntad de bien en relación con el mundo. El *Catecismo* recuerda: «Hay una jerarquía en las peticiones: primero el Reino, a continuación lo que es necesario para acogerlo y para cooperar

---

[1] Audiencia general. Biblioteca del Palacio Apostólico. 9 de diciembre de 2020.

a su venida» (n. 2632). Pero en el "Padrenuestro" rezamos también por los dones más sencillos, por los dones más cotidianos, como el "pan de cada día" –que quiere decir también la salud, la casa, el trabajo, las cosas de todos los días; y también se refiere a la Eucaristía, necesaria para la vida en Cristo–;rezamos también por el perdón de los pecados –que es algo cotidiano, pues siempre necesitamos perdón– y, por tanto, la paz en nuestras relaciones; y finalmente que nos ayude en las tentaciones y nos libre del mal.

Pedir, suplicar. Esto es muy humano. Escuchamos una vez más el *Catecismo*: «Mediante la oración de petición mostramos la conciencia de nuestra relación con Dios: por ser criaturas, no somos ni nuestro propio origen, ni dueños de nuestras adversidades, ni nuestro fin último; pero también, por ser pecadores, sabemos, como cristianos, que nos apartamos de nuestro Padre. La petición ya es un retorno hacia Él» (n. 2629).

Si uno se siente mal porque ha hecho cosas malas –es un pecador– cuando reza el Padrenuestro ya se está acercando al Señor. A veces podemos creer que no necesitamos nada, que nos bastamos nosotros mismos y que vivimos en la autosuficiencia más completa. ¡A veces sucede esto! Pero antes o después esta ilusión se desvanece. El ser humano es una invocación, que a veces se convierte en grito, a menudo contenido. El alma se parece a una tierra árida, sedienta, como dice el Salmo (cf. *Sal* 63, 2). Todos experimentamos, en un momento u otro de nuestra existencia, el tiempo de la melancolía o de la soledad. La Biblia no se avergüenza de mostrar la condición humana marcada por la enfermedad, por las injusticias, la traición de los amigos, o la amenaza de los enemigos. A veces parece que todo se derrumba, que la vida vivida hasta ahora ha sido vana. Y en estas situaciones aparentemente sin escapatoria hay una única salida: el grito, la oración: «¡Señor, ayúdame!». La oración abre destellos de luz en la más densa oscuridad. «¡Señor, ayúdame!». Esto abre el camino, abre la senda.

Nosotros, los seres humanos, compartimos esta invocación de ayuda con toda la creación. No somos los únicos que "rezamos" en este universo exterminado: cada fragmento de la creación lleva inscrito el deseo de Dios. Y san Pablo lo expresó de esta manera. Dice así: «Pues sabemos que la creación entera gime hasta el presente y sufre dolores de parto. Y no solo ella, también nosotros, que poseemos las primicias del Espíritu, nosotros mismos gemimos en nuestro interior anhelando el rescate de nuestro cuerpo» (*Rm* 8, 22-24). En nosotros resuena el gemido multiforme de las creaturas: de los árboles, de las rocas, de los animales… Todo anhela la realización. Escribió Tertuliano: «Ora toda la creación, oran los animales domésticos y los salvajes, y doblan las rodillas, y cuando salen de sus establos o guaridas levantan la vista hacia el cielo y, con la boca, a su manera, hacen vibrar el aire. También las aves, cuando despiertan, alzan el vuelo hacia el cielo y extienden las alas, en lugar de las manos, en forma de cruz, y dicen algo que asemeja una oración» (*De oratione*, XXIX). Esta es una expresión poética para hacer un comentario a lo que san Pablo dice «que toda la creación gime, reza». Pero nosotros somos los únicos que rezamos conscientemente, que sabemos que nos dirigimos al Padre, y que entramos en diálogo con Él.

Por tanto, no tenemos que escandalizarnos si sentimos la necesidad de rezar, no hemos de tener vergüenza. Y, sobre todo, cuando estamos en la necesidad, hemos de pedir. Jesús, hablando de un hombre deshonesto que debe hacer cuentas con su patrón, dice esto: «Pedir, me avergüenzo». Y muchos de nosotros tenemos este sentimiento: tenemos vergüenza de pedir; de pedir ayuda, de pedir a alguien que nos ayude a hacer algo, a llegar a esa meta, y tenemos también vergüenza de pedir a Dios. No hay que tener vergüenza de rezar y de decir: «Señor, necesito esto», «Señor, estoy en esta dificultad», «¡Ayúdame!». Es el grito del corazón hacia Dios, que es Padre. Y tenemos que aprender a hacerlo también en los tiempos felices; dar gracias a Dios por cada cosa que se nos da, y no dar nada por descontado o debido: todo es gracia. El Señor siempre nos da, siempre, y todo es gracia, todo. La gracia de Dios. Sin embargo, no reprimamos la súplica que surge espontánea en nosotros. La oración de petición va a la par que la aceptación de nuestro límite y de nuestra creaturalidad. Se puede incluso llegar a no creer en Dios, pero es difícil no creer en la oración: esta sencillamente existe; se presenta a nosotros como un grito; y todos tenemos que lidiar con esta voz interior, que quizá puede callar durante mucho tiempo, pero un día se despierta y grita.

Hermanos y hermanas, sabemos que Dios responderá. No hay orante en el Libro de los Salmos que levante su lamento y no sea escuchado. Dios responde siempre: hoy, mañana, pero siempre responde, de una manera u otra. Siempre responde. La Biblia lo repite infinidad de veces: Dios escucha el grito de quien lo invoca. También nuestras peticiones tartamudeadas, las que quedan en el fondo del corazón, que tenemos también vergüenza de expresar, el Padre las escucha y quiere donarnos el Espíritu Santo, que anima toda oración y lo transforma todo. Es cuestión de paciencia, siempre, de soportar la espera. Ahora estamos en tiempo de Adviento, un tiempo típicamente de espera para la Navidad. Nosotros estamos en espera. Esto se ve bien. Pero también toda nuestra vida está en espera.

Y la oración está en espera siempre, porque sabemos que el Señor responderá. Incluso la muerte tiembla cuando un cristiano reza, porque sabe que todo orante tiene un aliado más fuerte que ella: el Señor Resucitado. La muerte ya ha sido derrotada en Cristo, y vendrá el día en el que todo será definitivo, y ella ya no se burlará más de nuestra vida y de nuestra felicidad.

Aprendamos a estar en la espera del Señor. El Señor viene a visitarnos, no solo en estas fiestas grandes —la Navidad, la Pascua—, sino que nos visita cada día en la intimidad de nuestro corazón, si nosotros estamos a la espera. Y muchas veces no nos damos cuenta de que el Señor está cerca, que llama a nuestra puerta y podemos dejarle pasar. «Tengo miedo de Dios cuando pasa; tengo miedo de que pase y yo no me dé cuenta», decía san Agustín. Y el Señor pasa, el Señor viene, el Señor llama. Pero si tú tienes los oídos llenos de otros ruidos, no escucharás la llamada del Señor.

Hermanos y hermanas, estar en espera: ¡esta es la oración!

19.
LA ORACIÓN DE INTERCESIÓN[1]

Queridos hermanos y hermanas, ¡buenos días!

Quien reza no deja nunca el mundo a sus espaldas. Si la oración no recoge las alegrías y los dolores, las esperanzas y las angustias de la humanidad, se convierte en una actividad "decorativa", una actitud superficial, de teatro, una actitud intimista. Todos necesitamos interioridad: retirarnos en un espacio y en un tiempo dedicado a nuestra relación con Dios. Pero esto no quiere decir evadirse de la realidad. En la oración, Dios "nos toma, nos bendice, y después nos parte y nos da", para el hambre de todos. Todo cristiano está llamado a convertirse, en las manos de Dios, en pan partido y compartido. Es decir, una oración concreta, que no sea una evasión.

---

[1] Audiencia general. Biblioteca del Palacio Apostólico. 16 de diciembre de 2020.

Así los hombres y las mujeres de oración buscan la soledad y el silencio, no para no ser molestados, sino para escuchar mejor la voz de Dios. A veces se retiran del mundo, en lo secreto de la propia habitación, como recomendaba Jesús (cfr. *Mt* 6, 6), pero, allá donde estén, tienen siempre abierta la puerta de su corazón: una puerta abierta para los que rezan sin saber que rezan; para los que no rezan en absoluto pero llevan dentro un grito sofocado, una invocación escondida; para los que se han equivocado y han perdido el camino… Cualquiera puede llamar a la puerta de un orante y encontrar en él o en ella un corazón compasivo, que reza sin excluir a nadie. La oración es nuestro corazón y nuestra voz, y se hace corazón y voz de tanta gente que no sabe rezar o no reza, o no quiere rezar o no puede hacerlo: nosotros somos el corazón y la voz de esta gente que sube a Jesús, que sube al Padre, como intercesores. En la soledad, quien reza —ya sea la soledad de mucho tiempo o la soledad de media hora para rezar— se separa de todo y de todos para encontrarlo todo y a todos en Dios. Así el orante reza por el mundo entero, llevando sobre sus hombros dolores y pecados. Reza por todos y por cada uno: es como si fuera una "antena" de Dios en este mundo. En cada pobre que llama a la puerta, en cada persona que ha perdido el sentido de las cosas, quien reza ve el rostro de Cristo.

El *Catecismo* escribe: «Interceder, pedir en favor de otro es […] lo propio de un corazón conforme a la misericordia de Dios» (n. 2635). Esto es muy bonito. Cuando rezamos estamos en sintonía con la misericordia de Dios: misericordia en relación con nuestros pecados —que es misericordioso con nosotros—, pero también misericordia hacia todos aquellos que han pedido que recemos por ellos, por los cuales queremos rezar en sintonía con el corazón de

Dios. Esta es la verdadera oración, en sintonía con la misericordia de Dios, que tiene un corazón misericordioso. «En el tiempo de la Iglesia, la intercesión cristiana participa de la de Cristo: es la expresión de la comunión de los santos» (*ibid.*). ¿Qué quiere decir que se participa en la intercesión de Cristo, cuando yo intercedo por alguien o rezo por alguien? Porque Cristo delante del Padre es intercesor, reza por nosotros, y reza haciendo ver al Padre las llagas de sus manos; porque Jesús, físicamente, con su cuerpo, está delante del Padre. Jesús es nuestro intercesor, y rezar es un poco hacer como Jesús; interceder en Jesús al Padre, por los otros. Esto es muy bonito.

A la oración le importa el hombre. Simplemente el hombre. Quien no ama al hermano no reza seriamente. Se puede decir: en espíritu de odio no se puede rezar; en espíritu de indiferencia no se puede rezar. La oración solamente se da en espíritu de amor. Quien no ama finge rezar, o él cree que reza, pero no reza, porque falta precisamente el espíritu, que es el amor. En la Iglesia, quien conoce la tristeza o la alegría del otro va más en profundidad de quien indaga los "sistemas máximos". Por este motivo hay una experiencia de lo humano en cada oración, porque las personas, aunque puedan cometer errores, no deben ser nunca rechazadas o descartadas.

Cuando un creyente, movido por el Espíritu Santo, reza por los pecadores, no hace selecciones, no emite juicios de condena: reza por todos. Y reza también por sí mismo. En ese momento sabe que no es demasiado diferente de las personas por las que reza: se siente pecador entre los pecadores, y reza por todos. La lección de la parábola del fariseo y del publicano es siempre viva y actual (cfr. *Lc* 18, 9-14): nosotros no somos mejores que nadie, todos somos hermanos en una comunidad de fragilidad, de sufrimientos y en nuestra condición de pecadores. Por eso una oración que podemos dirigir a Dios es esta: «Señor, no es justo ante ti ningún viviente (cfr. *Sal* 143, 2) —esto lo dice un salmo: "Señor, no es justo ante ti ningún viviente", ninguno de nosotros: todos somos pecadores—, todos somos deudores que tienen una cuenta pendiente; no hay ninguno que sea impecable a tus ojos. ¡Señor ten piedad de nosotros!». Y con este espíritu la oración es fecunda, porque vamos con humildad delante de Dios a rezar por todos. Sin embargo, el fariseo rezaba de forma soberbia: «Te doy gracias, Señor, porque yo no soy como esos pecadores; yo soy justo, hago siempre...». Esta no es la oración: esto es mirarse al espejo, a la realidad propia, mirarse al espejo maquillado de la soberbia.

El mundo va adelante gracias a esta cadena de orantes que interceden, y que son en su mayoría desconocidos... ¡pero no para Dios! Hay muchos cristianos desconocidos que, en tiempo de persecución, han sabido repetir las palabras de nuestro Señor: «Padre, perdónales, porque no saben lo que hacen» (*Lc* 23, 34).

El buen pastor permanece fiel también ante la constatación del pecado de su propia gente: el buen pastor continúa siendo padre también cuando sus hijos se alejan y lo abandonan. Persevera en el servicio de pastor también en relación con quien lo lleva a ensuciarse las manos; no cierra el corazón delante de quien quizá lo ha hecho sufrir.

La Iglesia, en todos sus miembros, tiene la misión de practicar la oración de intercesión, intercede por los otros. En particular tiene ese deber quien desempeña un rol de responsabilidad: padres, educadores, ministros ordenados, superiores de comunidad... Como Abraham y Moisés, a veces deben "defender" delante de Dios a las personas encomendadas a ellos. En realidad, se trata de mirar con los ojos y el corazón de Dios, con su misma invencible compasión y ternura. Se trata de rezar con ternura por los otros.

Hermanos y hermanas, todos somos hojas del mismo árbol: cada desprendimiento nos recuerda la gran piedad que debemos nutrir, en la oración, los unos por los otros. Recemos los unos por los otros: nos hará bien a nosotros y hará bien a todos. ¡Gracias!

20

LA ORACIÓN DE ACCIÓN DE GRACIAS[1]

Queridos hermanos y hermanas, ¡buenos días!

Quisiera detenerme hoy en la oración de acción de gracias. Y hago referencia a un episodio del evangelista Lucas. Mientras Jesús estaba en camino, se le acercaron diez leprosos que imploran: «¡Jesús, Maestro, ten compasión de nosotros!» (17, 13). Sabemos que, para los enfermos de lepra, al sufrimiento físico se le unía la marginación social y la marginación religiosa. Eran marginados. Jesús no rehúye el encuentro con ellos. A veces va más allá de los límites impuestos por la ley y toca al enfermo —que no se podía hacer —, lo abraza, lo sana. En este caso no hay contacto. A distancia, Jesús les invita a presentarse donde los sacerdotes (v. 14), los cuales estaban encargados, según la ley, de certificar la sanación. Jesús no dice otra cosa. Ha

---

[1] Audiencia general. Biblioteca del Palacio Apostólico. 30 de diciembre de 2020.

escuchado su oración, ha escuchado su grito de piedad, y les manda enseguida donde los sacerdotes.

Los diez se fían, no se quedan ahí hasta el momento de ser sanados, no: se fían y van enseguida, y mientras están yendo se curan, los diez. Los sacerdotes habrían podido, por tanto, constatar su sanación y devolverles a la vida normal. Pero aquí viene el punto más importante: de ese grupo, solo uno, antes de ir donde los sacerdotes, vuelve atrás a dar las gracias a Jesús y alabar a Dios por la gracia recibida. Solo uno, los otros nueve siguen el camino. Y Jesús nota que ese hombre era un samaritano, una especie de "hereje" para los judíos de la época. Jesús comenta: «¿No ha habido quien volviera a dar gloria a Dios sino este extranjero?» (17, 18). ¡Es conmovedora la historia!

Este pasaje, por así decir, divide el mundo en dos: quien no da las gracias y quien da las gracias; quien toma todo como si se le debiera, y quien acoge todo como don, como gracia. El *Catecismo* escribe: «Todo acontecimiento y toda necesidad pueden convertirse en ofrenda de acción de gracias» (n. 2638). La oración de acción de gracias comienza siempre desde aquí: del reconocerse precedidos por la gracia. Hemos sido pensados antes de que aprendiéramos a pensar; hemos sido amados antes de que aprendiéramos a amar; hemos sido deseados antes de que en nuestro corazón surgiera un deseo. Si miramos la vida así, entonces el "gracias" se convierte en el motivo conductor de nuestras jornadas. Muchas veces olvidamos también decir "gracias".

Para nosotros cristianos el dar las gracias ha dado nombre al Sacramento más esencial que hay: la Eucaristía. La palabra griega, de hecho, significa precisamente esto: acción de gracias. Los cristianos, como todos los creyentes, bendicen a Dios por el don de la vida. Vivir es ante todo haber recibido la vida. Todos nacemos porque alguien ha deseado para nosotros la vida. Y esto es solo la primera de una larga serie de deudas que contraemos viviendo. Deudas de reconocimiento. En nuestra existencia, más de una persona nos ha mirado con ojos puros, gratuitamente. A menudo se trata de educadores, catequistas, personas que han desempeñado su rol más allá de la medida pedida por el deber. Y han hecho surgir en nosotros la gratitud. También la amistad es un don del que estar siempre agradecidos.

Este "gracias" que debemos decir continuamente, este gracias que el cristiano comparte con todos, se dilata en el encuentro con Jesús. Los Evangelios testifican que el paso de Jesús suscita a menudo alegría y alabanza a Dios en aquellos que lo encontraban. Las narraciones de la Navidad están llenas de orantes con el corazón ensanchado por la llegada del Salvador. Y también nosotros hemos sido llamados a participar en esta inmensa exultación. Lo sugiere también el episodio de los diez leprosos sanados. Naturalmente todos estaban felices por haber recuperado la salud, pudiendo así salir de esa interminable cuarentena forzada que les excluía de la comunidad. Pero entre ellos hay uno que a la alegría añade alegría: además de la sanación, se alegra por el encuentro sucedido con Jesús. No solo está libre del mal, sino que ahora también posee la certeza de ser amado. Este es el núcleo: cuando tú das gracias, expresas la certeza de ser amado. Y este es un paso grande: tener la certeza de ser amado. Es el descubrimiento del amor como fuerza que gobierna el mundo. Dante diría: el Amor «que mueve el sol y las otras estrellas» (*Paraíso*, XXXIII, 145). Ya no somos viajeros errantes que vagan por aquí y por allá, no: tenemos una casa, vivimos en Cristo, y desde esta "casa" contemplamos el resto del mundo, y este nos aparece infinitamente más bello.

Somos hijos del amor, somos hermanos del amor. Somos hombres y mujeres de gracia.

Por tanto, hermanos y hermanas, tratemos de estar siempre en la alegría del encuentro con Jesús. Cultivemos la alegría. Sin embargo, el demonio, después de habernos engañado —con cualquier tentación—, nos deja siempre tristes y solos. Si estamos en Cristo, ningún pecado y ninguna amenaza nos podrán impedir nunca continuar con alegría el camino, junto a tantos compañeros de viaje.

Sobre todo, no dejemos de agradecer: si somos portadores de gratitud, también el mundo se vuelve mejor, quizá solo un poco, pero es lo que basta para transmitirle un poco de esperanza. El mundo necesita esperanza y con la gratitud, con esta actitud de decir gracias, nosotros transmitimos un poco de esperanza. Todo está unido, todo está conectado y cada uno puede hacer su parte allá donde se encuentra. El camino de la felicidad es el que san Pablo ha descrito al final de una de sus cartas: «Orad constantemente. En todo dad gracias, pues esto es lo que Dios, en Cristo Jesús, quiere de vosotros. No extingáis el Espíritu» (*1 Ts* 5, 17-19). No apagar el Espíritu, ¡buen programa de vida! No apagar el Espíritu que tenemos dentro, que nos lleva a la gratitud.

21.
LA ORACIÓN DE ALABANZA[1]

Queridos hermanos y hermanas, ¡buenos días!

Proseguimos la catequesis sobre la oración y damos espacio a la dimensión de la alabanza.

Hacemos referencia a un pasaje crítico de la vida de Jesús. Después de los primeros milagros y la implicación de los discípulos en el anuncio del Reino de Dios, la misión del Mesías atraviesa una crisis. Juan Bautista duda y le hace llegar este mensaje —Juan está en la cárcel—: «¿Eres tú el que ha de venir, o debemos esperar a otro?» (*Mt* 11, 3). Él siente esta angustia de no saber si se ha equivocado en el anuncio. En la vida siempre hay momentos oscuros, momentos de noche espiritual, y Juan está pasando este momento. Hay hostilidad en los pueblos del lago, donde Jesús había realizado tantos signos prodigiosos (cf. *Mt* 11, 20-24). Ahora, precisamente

---

[1] Audiencia general. Biblioteca del Palacio Apostólico. 13 de enero de 2021.

111

en este momento de decepción, Mateo relata un hecho realmente sorprendente: Jesús no eleva al Padre un lamento, sino un himno de júbilo: «Yo te bendigo, Padre, Señor del cielo y de la tierra, porque has ocultado estas cosas a sabios e inteligentes, y se las has revelado a pequeños» (*Mt* 11, 25). Es decir, en plena crisis, en plena oscuridad en el alma de tanta gente, como Juan el Bautista, Jesús bendice al Padre, Jesús alaba al Padre. ¿Pero por qué?

Sobre todo, lo alaba por lo que es: «Padre, Señor del cielo y de la tierra». Jesús se regocija en su espíritu porque sabe y siente que su Padre es el Dios del universo, y viceversa, el Señor de todo lo que existe es el Padre, "Padre mío". De esta experiencia de sentirse "el hijo del Altísimo" brota la alabanza. Jesús *se siente* hijo del Altísimo.

Y después Jesús alaba al Padre porque favorece a los pequeños. Es lo que Él mismo experimenta predicando en los pueblos: los "sabios" y los "inteligentes" permanecen desconfiados y cerrados, hacen cálculos; mientras que los "pequeños" se abren y acogen el mensaje. Esto solo puede ser voluntad del Padre, y Jesús se alegra. También nosotros debemos alegrarnos y alabar a Dios porque las personas humildes y sencillas acogen el Evangelio. Yo me alegro cuando veo esta gente sencilla, esta gente humilde que va en peregrinación, que va a rezar, que canta, que alaba, gente a la cual quizá le faltan muchas cosas, pero la humildad les lleva a alabar a Dios. En el futuro del mundo y en las esperanzas de la Iglesia están siempre los "pequeños": aquellos que no se consideran mejores que los otros, que son conscientes de los propios límites y de los propios pecados, que no quieren dominar sobre los otros, que, en Dios Padre, se reconocen todos hermanos.

Por lo tanto, en ese momento de aparente fracaso, donde todo está oscuro, Jesús reza alabando al Padre. Y su oración nos conduce también a nosotros, lectores del Evangelio, a juzgar de forma diferente nuestras derrotas personales, las situaciones en las que no vemos clara la presencia y la acción de Dios, cuando parece que el mal prevalece y no hay forma de detenerlo. Jesús, que también recomendó mucho la oración de súplica, precisamente en el momento en el que habría tenido motivo de pedir explicaciones al Padre, sin embargo, lo alaba. Parece una contradicción, pero está ahí, la verdad.

¿A quién sirve la alabanza? ¿A nosotros o a Dios? Un texto de la liturgia eucarística nos invita a rezar a Dios de esta manera, dice así: «Aunque no necesitas nuestra alabanza, tú inspiras en nosotros que te demos gracias, para que las bendiciones que te ofrecemos nos ayuden en el camino de la salvación por Cristo, Señor nuestro» (*Misal Romano*, Prefacio común IV). Alabando somos salvados.

La oración de alabanza nos sirve a nosotros. El *Catecismo* la define así: «Participa en la bienaventuranza de los corazones puros que le aman en la fe antes de verle en la gloria» (n. 2639). Paradójicamente debe ser practicada no solo cuando la vida nos colma de felicidad, sino sobre todo en los momentos difíciles, en los momentos oscuros, cuando el camino sube cuesta arriba. También es ese el tiempo de la alabanza, como Jesús, que en el momento oscuro alaba al Padre. Para que aprendamos que, a través de esa cuesta, de ese sendero difícil, ese sendero fatigoso, de esos pasajes arduos, se llega a ver un panorama nuevo, un horizonte más abierto. Alabar es como respirar oxígeno puro: te purifica el alma, te hace mirar a lo lejos, no te deja encerrado en el momento difícil y oscuro de las dificultades.

Hay una gran enseñanza en esa oración que desde hace ocho siglos no ha dejado nunca de palpitar, que san Francisco compuso al final de su vida: el *Cántico del hermano sol* o *de las criaturas*. El Pobrecillo no lo compuso en un momento de alegría, de bienestar, sino al contrario, en medio de las dificultades. Francisco está ya casi ciego, y siente en su alma el peso de una soledad que nunca antes había sentido: el mundo no ha cambiado desde el inicio de su predicación, todavía hay quien se deja destrozar por las riñas, y además siente que se acercan los pasos de la muerte. Podría ser el momento de la decepción, de esa decepción extrema y de la percepción del propio fracaso. Pero Francisco en ese instante de tristeza, en ese instante oscuro, reza. ¿Cómo reza?: «*Laudato si'*, mi Señor…». Reza alabando. Francisco alaba a Dios por todo, por todos los dones de la creación, y también por la muerte que, con valentía, llama "hermana", "hermana muerte". Estos ejemplos de los Santos, de los cristianos, también de Jesús, de alabar a Dios en los momentos difíciles, nos abren las puertas de un camino muy grande hacia el Señor y nos purifican siempre. La alabanza purifica siempre.

Los santos y las santas nos demuestran que se puede alabar siempre, en las buenas y en las malas, porque Dios es el Amigo fiel. Este es el fundamento de la alabanza: Dios es el Amigo fiel, y su amor nunca falla. Él siempre está junto a nosotros, Él nos espera siempre. Alguno decía: «Es el centinela que está cerca de ti y te hace ir adelante con seguridad». En los momentos difíciles y oscuros, encontramos la valentía de decir: «Bendito eres tú, oh Señor». Alabar al Señor. Esto nos hará mucho bien.

22.
LA ORACIÓN POR LA UNIDAD DE LOS CRISTIANOS[1]

Queridos hermanos y hermanas, ¡buenos días!

En esta catequesis me detengo sobre la oración por la unidad de los cristianos. De hecho, la semana que va del 18 al 25 de enero está dedicada en particular a esto, a invocar de Dios el don de la unidad para superar el escándalo de las divisiones entre los creyentes en Jesús. Él, después de la Última Cena, rezó por los suyos, «para que todos sean uno» (*Jn* 17, 21). Es su oración antes de la Pasión, podríamos decir su testamento espiritual. Sin embargo, notamos que el Señor no ha ordenado a los discípulos la unidad. Ni siquiera les dio un discurso para motivar su necesidad. No, ha rezado al Padre por nosotros, para que seamos uno. Esto significa que no bastamos solo nosotros, con nuestras fuerzas, para realizar la

---

[1] Audiencia general. Biblioteca del Palacio Apostólico. 20 de enero de 2021.

unidad. La unidad es sobre todo un don, es una gracia para pedir con la oración.

Cada uno de nosotros lo necesita. De hecho, nos damos cuenta de que no somos capaces de custodiar la unidad ni siquiera en nosotros mismos. También el apóstol Pablo sentía dentro de sí un conflicto lacerante: querer el bien y estar inclinado al mal (cf. *Rm* 7, 19). Comprendió así que la raíz de tantas divisiones que hay a nuestro alrededor —entre las personas, en la familia, en la sociedad, entre los pueblos y también entre los creyentes— está dentro de nosotros. El Concilio Vaticano II afirma que «los desequilibrios que fatigan al mundo moderno están conectados con ese otro desequilibrio fundamental que hunde sus raíces en el corazón humano. Son muchos los elementos que se combaten en el propio interior del hombre [...] Por ello siente en sí mismo la división, que tantas y tan graves discordias provoca en la sociedad» (*Gaudium et spes*, 10). Por tanto, la solución a las divisiones no es oponerse a alguien, porque la discordia genera otra discordia. El verdadero remedio empieza por pedir a Dios la paz, la reconciliación, la unidad.

Esto vale ante todo para los cristianos: la unidad puede llegar solo como fruto de la oración. Los esfuerzos diplomáticos y los diálogos académicos no bastan. Jesús lo sabía y nos ha abierto el camino, rezando. Nuestra oración por la unidad es así una humilde pero confiada participación en la oración del Señor, quien prometió que toda oración hecha en su nombre será escuchada por el Padre (cf. *Jn* 15, 7). En este punto podemos preguntarnos: «¿Yo rezo por la unidad?». Es la voluntad de Jesús pero, si revisamos las intenciones por las que rezamos, probablemente nos demos cuenta de que hemos rezado poco, quizá nunca, por la unidad de los cristianos. Sin embargo, de esta depende la fe en el mundo; el Señor pidió la unidad entre nosotros «para que el mundo crea» (*Jn* 17, 21). El mundo no creerá porque lo convenzamos con buenos argumentos, sino si testimoniamos el amor que nos une y nos hace cercanos a todos.

En este tiempo de graves dificultades es todavía más necesaria la oración para que la unidad prevalezca sobre los conflictos. Es urgente dejar de lado los particularismos para favorecer el bien común, y por eso nuestro buen ejemplo es fundamental: es esencial que los cristianos prosigan el camino hacia la unidad plena, visible. En los últimos decenios, gracias a Dios, se han dado muchos pasos adelante, pero es necesario perseverar en el amor y en la oración, sin desconfianza y sin cansarse. Es un recorrido que el Espíritu Santo ha suscitado en la Iglesia, en los cristianos y en todos nosotros, y sobre el cual ya no volveremos atrás. ¡Siempre adelante!

Rezar significa luchar por la unidad. Sí, luchar, porque nuestro enemigo, el diablo, como dice la palabra misma, es el divisor. Jesús pide la unidad en el Espíritu Santo, hacer unidad. El diablo siempre divide, porque es conveniente para él dividir. Él insinúa la división, en todas partes y de todas las maneras, mientras que el Espíritu Santo hace converger en unidad siempre. El diablo, en general, no nos tienta con la alta teología, sino con las debilidades de nuestros hermanos. Es astuto: engrandece los errores y los defectos de los otros, siembra discordia, provoca la crítica y crea facciones. El camino de Dios es otro: nos toma como somos, nos ama mucho, pero nos ama como somos y nos toma como somos; nos toma diferentes, nos toma pecadores, y siempre nos impulsa a la unidad. Podemos hacer una verificación sobre nosotros mismos y preguntarnos si, en los lugares en los que vivimos, alimentamos la conflictividad o luchamos por hacer crecer la unidad con los instrumentos que Dios nos ha dado: la oración y el amor. Sin embargo, alimentar la conflictividad se hace con el chismorreo, siempre, hablando mal de los otros. El chismorreo es el arma que el diablo tiene más a mano para dividir la comunidad cristiana, para dividir la familia, para dividir los amigos, para dividir siempre. El Espíritu Santo nos inspira siempre la unidad.

El tema de esta Semana de oración se refiere precisamente al amor: «Permaneced en mi amor y daréis fruto en abundancia» (cf. *Jn* 15, 5-9). La raíz de la comunión es el amor de Cristo, que nos hace superar los prejuicios para ver en el otro a un hermano y a una hermana al que amar siempre. Entonces descubrimos que los cristianos de otras confesiones, con sus tradiciones, con su historia, son dones de Dios, son dones presentes en los territorios de nuestras comunidades diocesanas y parroquiales. Empecemos a rezar por ellos y, cuando sea posible, con ellos. Así aprenderemos a amarlos y a apreciarlos. La oración, recuerda el Concilio, es el alma de todo el movimiento ecuménico (cf. *Unitatis redintegratio*, 8). Que sea por tanto, la oración, el punto de partida para ayudar a Jesús a cumplir su sueño: que todos sean uno.

23.
LA ORACIÓN CON LAS SAGRADAS ESCRITURAS[1]

Queridos hermanos y hermanas, ¡buenos días!

Hoy quisiera detenerme sobre la oración que podemos hacer a partir de un pasaje de la Biblia. Las palabras de la Sagrada Escritura no han sido escritas para quedarse atrapadas en el papiro, en el pergamino o en el papel, sino para ser acogidas por una persona que reza, haciéndolas brotar en su corazón. La palabra de Dios va al corazón. El *Catecismo* afirma: «A la lectura de la sagrada Escritura debe acompañar la oración —la Biblia no puede ser leída como una novela— para que se realice el diálogo de Dios con el hombre» (n. 2653). Así te lleva la oración, porque es un diálogo con Dios. Ese versículo de la Biblia ha sido escrito también para mí, hace siglos, para traerme una palabra de Dios. Ha sido escrito para cada uno de nosotros.

---

[1] Audiencia general. Biblioteca del Palacio Apostólico. 27 de enero de 2021.

A todos los creyentes les sucede esta experiencia: un pasaje de la Escritura, escuchado ya muchas veces, un día de repente me habla e ilumina una situación que estoy viviendo. Pero es necesario que yo, ese día, esté ahí, en la cita con esa Palabra, esté ahí, escuchando la Palabra. Todos los días Dios pasa y lanza una semilla en el terreno de nuestra vida. No sabemos si hoy encontrará suelo árido, zarzas, o tierra buena, que hará crecer esa semilla (cf. *Mc* 4, 3-9). Depende de nosotros, de nuestra oración, del corazón abierto con el que nos acercamos a las Escrituras para que se conviertan para nosotros en Palabra viviente de Dios. Dios pasa, continuamente, a través de la Escritura. Y retomo lo que dije la semana pasada, que decía san Agustín: «Tengo temor del Señor cuando pasa». ¿Por qué temor? Que yo no le escuche, que no me dé cuenta de que es el Señor.

A través de la oración sucede como una nueva encarnación del Verbo. Y somos nosotros los "tabernáculos" donde las palabras de Dios quieren ser acogidas y custodiadas, para poder visitar el mundo. Por eso es necesario acercarse a la Biblia sin segundas intenciones, sin instrumentalizarla. El creyente no busca en las Sagradas Escrituras el apoyo para la propia visión filosófica o moral, sino porque espera en un encuentro; sabe que estas, estas palabras, han sido escritas en el Espíritu Santo y que por tanto en ese mismo Espíritu deben ser acogidas, ser comprendidas, para que el encuentro se realice.

A mí me molesta un poco cuando escucho cristianos que recitan versículos de la Biblia como los loros. «Oh, sí, el Señor dice…, quiere así…». ¿Pero tú te has encontrado con el Señor, con ese versículo? No es un problema solo de memoria: es un problema de la memoria del corazón, la que te abre para el encuentro con el Señor. Y esa palabra, ese versículo, te lleva al encuentro con el Señor.

Nosotros, por tanto, leemos las Escrituras para que estas "nos lean a nosotros". Y es una gracia poder reconocerse en este o aquel personaje, en esta o esa situación. La Biblia no está escrita para una humanidad genérica, sino para todos nosotros, para mí, para ti, para hombres y mujeres en carne y hueso, hombres y mujeres que tienen nombre y apellidos, como yo, como tú. Y la Palabra de Dios, impregnada del Espíritu Santo, cuando es acogida con un corazón abierto, no deja las cosas como antes, nunca, cambia algo. Y esta es la gracia y la fuerza de la Palabra de Dios.

La tradición cristiana es rica de experiencias y de reflexiones sobre la oración con la Sagrada Escritura. En particular, se ha consolidado el método de la *lectio divina*, nacido en ambiente monástico, pero ya practicado también por los cristianos que frecuentan las parroquias. Se trata ante todo de leer el pasaje bíblico con atención, es más, diría con "obediencia" al texto, para comprender lo que significa en sí mismo. Sucesivamente se entra en diálogo con la Escritura, de modo que esas palabras se conviertan en motivo de meditación y de oración: permaneciendo siempre adherente al texto, empiezo a preguntarme sobre qué "me dice a mí". Es un paso delicado: no hay que resbalar en interpretaciones subjetivistas, sino entrar en el surco vivo de la Tradición, que une a cada uno de nosotros a la Sagrada Escritura. Y el último paso de la *lectio divina* es la contemplación. Aquí las palabras y los pensamientos dejan lugar al amor, como entre enamorados a los cuales a veces les basta con mirarse en silencio. El texto bíblico permanece, pero como un espejo, como un icono para contemplar. Y así se tiene el diálogo.

A través de la oración, la Palabra de Dios viene a vivir en nosotros y nosotros vivimos en ella. La Palabra inspira buenos propósitos y sostiene la acción; nos da fuerza, nos da serenidad, y también cuando nos pone en crisis nos da paz. En los días "torcidos" y confusos, asegura al corazón un núcleo de confianza y de amor que lo protege de los ataques del maligno.

Así la Palabra de Dios se hace carne —me permito usar esta expresión: se hace carne— en aquellos que la acogen en la oración. En algunos textos antiguos surge la intuición de que los cristianos se identifican tanto con la Palabra que, incluso si quemaran todas las Biblias del mundo, se podría salvar el "calco" a través de la huella que ha dejado en la vida de los santos. Esta es una bonita expresión.

La vida cristiana es obra, al mismo tiempo, de obediencia y de creatividad. Un buen cristiano debe ser obediente, pero debe ser creativo. Obediente, porque escucha la Palabra de Dios; creativo, porque tiene el Espíritu Santo dentro que le impulsa a practicarla, a llevarla adelante. Jesús lo dice al final de un discurso suyo pronunciado en parábolas, con esta comparación: «Así, todo escriba que se ha hecho discípulo del Reino de los Cielos es semejante al dueño de una casa que saca de sus arcas —del corazón— lo nuevo y lo viejo» (*Mt* 13, 52). Las Sagradas Escrituras son un tesoro inagotable. Que el Señor nos conceda, a todos nosotros, tomar de ahí cada vez más, mediante la oración. Gracias.

24.
REZAR EN LA LITURGIA[1]

Queridos hermanos y hermanas, ¡buenos días!

En la historia de la Iglesia, se ha registrado en más de una ocasión, la tentación de practicar un cristianismo intimista, que no reconoce a los ritos litúrgicos públicos su importancia espiritual. A menudo esta tendencia reivindicaba la presunta mayor pureza de una religiosidad que no dependiera de las ceremonias exteriores, consideradas una carga inútil o dañina. En el centro de las críticas terminaba no una particular forma ritual, o una determinada forma de celebrar, sino la liturgia misma, la forma litúrgica de rezar.

De hecho, se pueden encontrar en la Iglesia ciertas formas de espiritualidad que no han sabido integrar adecuadamente el momento litúrgico. Muchos fieles, incluso

---

participando asiduamente en los ritos, especialmente en la Misa dominical, han obtenido alimento para su fe y su vida espiritual más bien de otras fuentes, de tipo devocional.

En los últimos decenios, se ha caminado mucho. La Constitución *Sacrosanctum Concilium* del Concilio Vaticano II representa el eje de este largo viaje. Esta reafirma de forma completa y orgánica la importancia de la divina liturgia para la vida de los cristianos, los cuales encuentran en ella esa mediación objetiva solicitada por el hecho de que Jesucristo no es una idea o un sentimiento, sino una Persona viviente, y su Misterio un evento histórico. La oración de los cristianos pasa a través de mediaciones concretas: la Sagrada Escritura, los Sacramentos, los ritos litúrgicos, la comunidad. En la vida cristiana no se prescinde de la esfera corpórea y material, porque en Jesucristo esta se ha convertido en camino de salvación. Podemos decir que debemos rezar también con el cuerpo: el cuerpo entra en la oración.

Por tanto, no existe espiritualidad cristiana que no tenga sus raíces en la celebración de los santos misterios. El *Catecismo* escribe: «La misión de Cristo y del Espíritu Santo que, en la liturgia sacramental de la Iglesia, anuncia, actualiza y comunica el Misterio de la salvación, se continúa en el corazón que ora» (n. 2655). La liturgia, en sí misma, no es solo oración espontánea, sino algo más y más original: es acto que funda la experiencia cristiana por completo y, por eso, también la oración es evento, es acontecimiento, es presencia, es encuentro. Es un encuentro con Cristo. Cristo se hace presente en el Espíritu Santo a través de los signos sacramentales: de aquí deriva para nosotros los cristianos la necesidad de participar en los divinos misterios. Un cristianismo sin liturgia, yo me atrevería a decir que quizá es un cristianismo sin Cristo.

Sin el Cristo total. Incluso en el rito más despojado, como el que algunos cristianos han celebrado y celebran en los lugares de prisión, o en el escondite de una casa durante los tiempos de persecución, Cristo se hace realmente presente y se dona a sus fieles.

La liturgia, precisamente por su dimensión objetiva, pide ser celebrada con fervor, para que la gracia derramada en el rito no se disperse sino que alcance la vivencia de cada uno. El *Catecismo* lo explica muy bien y dice así: «La oración interioriza y asimila la liturgia durante y después de la misma» (*ibid.*). Muchas oraciones cristianas no proceden de la liturgia, pero todas, si son cristianas, presuponen la liturgia, es decir la mediación sacramental de Jesucristo. Cada vez que celebramos un Bautismo, o consagramos el pan y el vino en la Eucaristía, o ungimos con óleo santo el cuerpo de un enfermo, ¡Cristo está aquí! Es Él que actúa y está presente como cuando sanaba los miembros débiles de un enfermo, o entregaba en la Última Cena su testamento para la salvación del mundo.

La oración del cristiano hace propia la presencia sacramental de Jesús. Lo que es externo a nosotros se convierte en parte de nosotros: la liturgia lo expresa incluso con el gesto tan natural del comer. La Misa no puede ser solo "escuchada": no es una expresión justa, "yo voy a escuchar Misa". La Misa no puede ser solo escuchada, como si nosotros fuéramos solo espectadores de algo que se desliza sin involucrarnos. La Misa siempre es celebrada, y no solo por el sacerdote que la preside, sino por todos los cristianos que la viven. ¡Y el centro es Cristo! Todos nosotros, en la diversidad de los dones y de los ministerios, todos nos unimos a su acción, porque es Él, Cristo, el Protagonista de la liturgia.

Cuando los primeros cristianos empezaron a vivir su culto, lo hicieron actualizando los gestos y las palabras de Jesús, con la luz y la fuerza del Espíritu Santo, para que su vida, alcanzada por esa gracia, se convirtiera en sacrificio espiritual ofrecido a Dios. Este enfoque fue una verdadera "revolución". Escribe san Pablo en la Carta a los Romanos: «Os exhorto, pues, hermanos, por la misericordia de Dios, a que ofrezcáis vuestros cuerpos como una víctima viva, santa, agradable a Dios: tal será vuestro culto espiritual» (12, 1). La vida está llamada a convertirse en culto a Dios, pero esto no puede suceder sin la oración, especialmente la oración litúrgica. Que este pensamiento nos ayude cuando se vaya a Misa: voy a rezar en comunidad, voy a rezar con Cristo que está presente. Cuando vamos a la celebración de un Bautismo, por ejemplo, Cristo está ahí, presente, que bautiza. «Pero, Padre, esta es una idea, una forma de hablar»: no, no es una forma de hablar. Cristo está presente y en la liturgia tú rezas con Cristo que está junto a ti.

25.
LA ORACIÓN EN LA VIDA COTIDIANA[1]

Queridos hermanos y hermanas, ¡buenos días!

En la catequesis precedente vimos cómo la oración cristiana está "anclada" a la Liturgia. Hoy destacaremos cómo desde la Liturgia esta vuelve siempre a la vida cotidiana: por las calles, en las oficinas, en los medios de transporte… Y ahí continúa el diálogo con Dios: quien reza es como el enamorado, que lleva siempre en el corazón a la persona amada, donde sea que esté.

De hecho, todo es asumido en este diálogo con Dios: toda alegría se convierte en motivo de alabanza, toda prueba es ocasión para una petición de ayuda. La oración está siempre viva en la vida, como una brasa de fuego, también cuando la boca no habla, pero el corazón habla. Todo pensamiento, incluso si es aparentemente "profano",

---

[1] Audiencia general. Biblioteca del Palacio Apostólico. 10 de febrero de 2021.

puede ser impregnado de oración. También en la inteligencia humana hay un aspecto orante; esta de hecho es una ventana asomada al misterio: ilumina los pocos pasos que están delante de nosotros y después se abre a la realidad toda entera, esta realidad que la precede y la supera. Este misterio no tiene un rostro inquietante o angustiante, no: el conocimiento de Cristo nos hace confiados que allí donde nuestros ojos y los ojos de nuestra mente no pueden ver, no está la nada, sino que hay alguien que nos espera, hay una gracia infinita. Y así la oración cristiana infunde en el corazón humano una esperanza invencible: cualquier experiencia que toque nuestro camino, el amor de Dios puede convertirlo en bien.

Al respecto, el *Catecismo* dice: «Aprendemos a orar en ciertos momentos escuchando la Palabra del Señor y participando en su Misterio Pascual; pero, en todo tiempo, en los acontecimientos de *cada día*, su Espíritu se nos ofrece para que brote la oración. [...] El tiempo está en las manos del Padre; lo encontramos en el presente, ni ayer ni mañana, sino hoy» (n. 2659). Hoy encuentro a Dios, siempre está el hoy del encuentro.

No existe otro maravilloso día que el hoy que estamos viviendo. La gente que vive siempre pensando en el futuro: «Pero, el futuro será mejor...», pero no toma el hoy como viene: es gente que vive en la fantasía, no sabe tomar lo concreto de la realidad. Y el hoy es real, el hoy es concreto. Y la oración sucede en el hoy. Jesús nos viene al encuentro hoy, este hoy que estamos viviendo. Y es la oración que transforma este hoy en gracia, o mejor, que nos transforma: apacigua la ira, sostiene el amor, multiplica la alegría, infunde la fuerza para perdonar. En algún momento nos parecerá que ya no somos nosotros los que vivimos, sino que la gracia vive y obra en nosotros mediante la oración. Y cuando nos viene un pensamiento de rabia, de descontento, que nos lleva hacia la amargura. Detengámonos y digamos al Señor: «¿Dónde estás? ¿Y dónde estoy yendo yo?». Y el Señor está ahí, el Señor nos dará la palabra justa, el consejo para ir adelante sin este zumo amargo del negativo. Porque la oración siempre, usando una palabra profana, es positiva. Siempre. Te lleva adelante. Cada día que empieza, si es acogido en la oración, va acompañado de valentía, de forma que los problemas a afrontar no sean estorbos a nuestra felicidad, sino llamadas de Dios, ocasiones para nuestro encuentro con Él. Y cuando uno es acompañado por el Señor, se siente más valiente, más libre, y también más feliz.

Por tanto, recemos siempre por todo y por todos, también por los enemigos. Jesús nos ha aconsejado esto: «Rezad por los enemigos». Recemos por nuestros seres queridos, pero también por aquellos que no conocemos; recemos incluso por nuestros enemigos, como he dicho, como a menudo nos invita a hacer la Escritura. La oración dispone a un amor sobreabundante. Recemos sobre todo por las personas infelices, por aquellos que lloran en la soledad y desesperan porque todavía haya un amor que late por ellos. La oración realiza milagros; y los pobres entonces intuyen, por gracia de Dios, que, también en esa situación suya de precariedad, la oración de un cristiano ha hecho presente la compasión de Jesús: Él de hecho miraba con gran ternura a la multitud cansada y perdida como ovejas sin pastor (cf. *Mc* 6, 34). El Señor es —no lo olvidemos— el Señor de la compasión, de la cercanía, de la ternura: tres palabras para no olvidar nunca. Porque es el estilo del Señor: compasión, cercanía, ternura.

La oración nos ayuda a amar a los otros, no obstante, sus errores y sus pecados. La persona siempre es más importante que sus acciones, y Jesús no ha juzgado al mundo, sino que lo ha salvado. Es una vida fea la de las personas que siempre están juzgando a los otros, siempre están condenando, juzgando: es una vida fea, infeliz. Jesús ha venido a salvarnos: abre tu corazón, perdona, justifica a los otros, entiende, también tú sé cercano a los otros, ten compasión, ten ternura como Jesús. Es necesario querer a todos y cada uno recordando, en la oración, que todos somos pecadores y al mismo tiempo amados por Dios uno a uno. Amando así este mundo, amándolo con ternura, descubriremos que cada día y cada cosa lleva escondido en sí un fragmento del misterio de Dios.

Escribe el *Catecismo*: «Orar en los acontecimientos de cada día y de cada instante es uno de los secretos del Reino revelados a los "pequeños", a los servidores de Cristo, a los pobres de las bienaventuranzas. Es justo y bueno orar para que la venida del Reino de justicia y de paz influya en la marcha de la historia, pero también es importante impregnar de oración las humildes situaciones cotidianas. Todas las formas de oración pueden ser la levadura con la que el Señor compara el Reino» (n. 2660).

El hombre —la persona humana, el hombre y la mujer— es semejante a un soplo, como la hierba (cf. *Sal* 144, 4; 103, 15). El filósofo Pascal escribía: «No es necesario que el universo entero se arme para aplastarlo: un vapor, una gota de agua bastan para matarlo». Somos seres frágiles, pero sabemos rezar: esta es nuestra dignidad más grande, también es nuestra fortaleza[2]. Valentía. Rezar en cada momento, en cada situación, porque el Señor está cerca de nosotros. Y cuando una oración es según el corazón de Jesús, obtiene milagros.

---

[2] *Pensamientos*, 186.

130

26.
LA ORACIÓN Y LA TRINIDAD (I)[1]

Queridos hermanos y hermanas, ¡buenos días!

En nuestro camino de catequesis sobre la oración, hoy y la próxima semana queremos ver cómo, gracias a Jesucristo, la oración nos abre de par en par a la Trinidad —al Padre, al Hijo y al Espíritu—, al mar inmenso de Dios que es Amor. Jesús es quien nos ha abierto el Cielo y nos ha proyectado en la relación con Dios. Ha sido Él quien ha hecho esto: nos ha abierto esta relación con el Dios Trino: el Padre, el Hijo y el Espíritu Santo. Es lo que afirma el apóstol Juan, en la conclusión del prólogo de su Evangelio: «A Dios nadie le ha visto jamás: el Hijo único, que está en el seno del Padre, él lo ha contado» (1, 18). Jesús nos ha revelado la identidad, esta identidad de Dios, Padre, Hijo y Espíritu Santo. Nosotros realmente no sabíamos cómo se podía

---

[1] Audiencia general. Biblioteca del Palacio Apostólico. 3 de marzo de 2021.

rezar: qué palabras, qué sentimientos y qué lenguajes eran apropiados para Dios. En esa petición dirigida por los discípulos al Maestro, que a menudo hemos recordado durante estas catequesis, está todo el tanteo del hombre, sus repetidos intentos, a menudo fracasados, de dirigirse al Creador: «Señor, enséñanos a orar» (*Lc* 11, 1).

No todas las oraciones son iguales, y no todas son convenientes: la Biblia misma nos atestigua el mal resultado de muchas oraciones, que son rechazadas. Quizá Dios a veces no está contento con nuestras oraciones y nosotros ni siquiera nos damos cuenta. Dios mira las manos de quien reza: para hacerlas puras no es necesario lavarlas, si acaso es necesario abstenerse de acciones malvadas. San Francisco rezaba: «Nullu homo ène dignu te mentovare», es decir "ningún hombre es digno de nombrarte" (*Cántico del hermano sol*).

Pero quizá el reconocimiento más conmovedor de la pobreza de nuestra oración floreció de la boca de ese centurión romano que un día suplicó a Jesús que sanara a su siervo enfermo (cf. *Mt* 8, 5-13). Él se sentía completamente inadecuado: no era judío, era oficial del odiado ejército de ocupación. Pero la preocupación por el siervo le hace osar, y dice: «Señor, no soy digno de que entres bajo mi techo; basta que lo digas de palabra y mi criado quedará sano» (v. 8). Es la frase que también nosotros repetimos en cada liturgia eucarística. Dialogar con Dios es una gracia: nosotros no somos dignos, no tenemos ningún derecho que reclamar, nosotros "cojeamos" con cada palabra y cada pensamiento… Pero Jesús es la puerta que nos abre a este diálogo con Dios.

¿Por qué el hombre debería ser amado por Dios? No hay razones evidentes, no hay proporción… Tanto es así que en gran parte de las mitologías no está contemplado el caso de un dios que se preocupe por las situaciones humanas; es más, estas son molestas y aburridas, completamente insignificantes. Recordemos la frase de Dios a su pueblo, repetida en el Deuteronomio: «Piensa, ¿qué pueblo tiene a sus dioses cerca de sí, como vosotros me tenéis a mí cerca de vosotros?». ¡Esta cercanía de Dios es la revelación! Algunos filósofos dicen que Dios puede pensar solo en sí mismo. En todo caso, somos los humanos los que intentamos impresionar a la divinidad y resultar agradables a sus ojos. De aquí el deber de "religión", con la procesión de sacrificios y devociones a ofrecer continuamente para congraciarse con un Dios mudo, un Dios indiferente. No hay diálogo. Solo ha sido Jesús, solo ha sido la revelación de Dios antes de Jesús a Moisés, cuando Dios se presentó; solo ha sido la Biblia la que nos ha abierto el camino del diálogo con Dios. Recordemos: «¿Qué pueblo tiene a sus dioses cerca de sí como tú me tienes a mí cerca de ti?». Esta cercanía de Dios que nos abre al diálogo con Él.

Un Dios que ama al hombre, nosotros nunca hubiéramos tenido la valentía de creerlo, si no hubiéramos conocido a Jesús. El conocimiento de Jesús nos ha hecho entender esto, nos ha revelado esto. Es el escándalo que encontramos grabado en la parábola del padre misericordioso, o en la del pastor que va en busca de la oveja perdida (cfr *Lc* 15). Historias de este tipo no hubiéramos podido concebirlas, ni siquiera comprenderlas, si no hubiéramos encontrado a Jesús. ¿Qué Dios está dispuesto a morir por los hombres? ¿Qué Dios ama siempre y pacientemente, sin pretender ser amado a cambio? ¿Qué Dios acepta la tremenda falta de reconocimiento de un hijo que pide un adelanto de la herencia y se va de casa malgastando todo? (cf. *Lc* 15, 12-13).

Es Jesús que nos revela el corazón de Dios. Así Jesús nos cuenta con su vida en qué medida Dios es Padre. *Tam Pater nemo*: Nadie es Padre cómo Él. La paternidad que es cercanía, compasión y ternura. No olvidemos estas tres palabras que son el estilo de Dios: cercanía, compasión y ternura. Es el modo de expresar su paternidad con nosotros. Nosotros imaginamos con dificultad y muy de lejos el amor del que la Santísima Trinidad está llena, y qué abismo de mutua benevolencia existe entre Padre, Hijo y Espíritu Santo. Los iconos orientales nos dejan intuir algo de este misterio que es el origen y la alegría de todo el universo.

Sobre todo, estaba lejos de nosotros creer que este amor divino se expandiría, alcanzando nuestra orilla humana: somos el fin de un amor que no tiene igual en la tierra. El Catecismo explica: «La santa humanidad de Jesús es, pues, el camino por el que el Espíritu Santo nos enseña a orar a Dios nuestro Padre» (n. 2664). Y esta es la gracia de nuestra fe. Realmente no podíamos esperar vocación más alta: la humanidad de Jesús —Dios se ha hecho cercano en Jesús— ha hecho disponible para nosotros la vida misma de la Trinidad, ha abierto, ha abierto de par en par esta puerta del misterio del amor del Padre, del Hijo y del Espíritu Santo.

27.
LA ORACIÓN Y LA TRINIDAD (II)[1]

Queridos hermanos y hermanas, ¡buenos días!

Hoy completamos la catequesis sobre la oración como relación con la Santísima Trinidad, en particular con el Espíritu Santo.

El primer don de toda existencia cristiana es el Espíritu Santo. No es uno de los muchos dones, sino *el Don* fundamental. El Espíritu es el don que Jesús había prometido enviarnos. Sin el Espíritu no hay relación con Cristo y con el Padre. Porque el Espíritu abre nuestro corazón a la presencia de Dios y lo atrae a ese "torbellino" de amor que es el corazón mismo de Dios. Nosotros no somos solo huéspedes y peregrinos en el camino en esta tierra, somos también huéspedes y peregrinos en el misterio de la Trinidad. Somos como Abrahán, que un día, acogiendo

---

[1] Audiencia general. Biblioteca del Palacio Apostólico. 17 de marzo de 2021.

en su tienda a tres viajeros, encontró a Dios. Si podemos en verdad invocar a Dios llamándolo "Abbà - Papá", es porque en nosotros habita el Espíritu Santo; es Él quien nos transforma en lo profundo y nos hace experimentar la alegría conmovedora de ser amados por Dios como verdaderos hijos. Todo el trabajo espiritual dentro de nosotros hacia Dios lo hace el Espíritu Santo, este don. Trabaja en nosotros para llevar adelante nuestra vida cristiana hacia el Padre, con Jesús.

El *Catecismo*, al respecto, dice: «Cada vez que en la oración nos dirigimos a Jesús, es el Espíritu Santo quien, con su gracia preveniente, nos atrae al camino de la oración. Puesto que Él nos enseña a orar recordándonos a Cristo, ¿cómo no dirigirnos también a él orando? Por eso, la Iglesia nos invita a implorar todos los días al Espíritu Santo, especialmente al comenzar y al terminar cualquier acción importante» (n. 2670). Esta es la obra del Espíritu en nosotros. Él nos "recuerda" a Jesús y lo hace presente en nosotros —podemos decir que es nuestra memoria trinitaria, es la memoria de Dios en nosotros— y lo hace presente en Jesús, para que no se reduzca a un personaje del pasado: es decir, el Espíritu trae al presente a Jesús en nuestra conciencia. Si Cristo estuviera tan solo lejano en el tiempo, nosotros estaríamos solos y perdidos en el mundo. Sí, recordaremos a Jesús, allí, lejano, pero es el Espíritu que lo trae hoy, ahora, en este momento en nuestro corazón. Pero en el Espíritu todo es vivificado: a los cristianos de todo tiempo y lugar se les abre la posibilidad de encontrar a Cristo. Está abierta la posibilidad de encontrar a Cristo no solamente como un personaje histórico. No: Él atrae a Cristo en nuestros corazones, es el Espíritu quien nos hace encontrarnos con Cristo. Él no está distante, el Espíritu está con nosotros: Jesús todavía educa a sus discípulos transformando su corazón, como hizo con Pedro, con Pablo, con María Magdalena, con todos los apóstoles. ¿Pero por qué está presente Jesús? Porque es el Espíritu quien lo trae en nosotros.

Es la experiencia que han vivido muchos orantes: hombres y mujeres que el Espíritu Santo ha formado según la "medida" de Cristo, en la misericordia, en el servicio, en la oración, en la catequesis… Es una gracia poder encontrar personas así: nos damos cuenta que en ellos late una vida diferente, su mirada ve "más allá". No pensemos solo en los monjes, los eremitas; se encuentran también entre la gente común, gente que ha tejido una larga vida de diálogo con Dios, a veces de lucha interior, que purifica la fe. Estos testigos humildes han buscado a Dios en el Evangelio, en la Eucaristía recibida y adorada, en el rostro del hermano en dificultad, y custodian su presencia como un fuego secreto.

La primera tarea de los cristianos es precisamente mantener vivo este fuego, que Jesús ha traído a la tierra (cf. *Lc* 12, 49), ¿y cuál es este fuego? Es el amor, el Amor de Dios, el Espíritu Santo. Sin el fuego del Espíritu las profecías se apagan, la tristeza suplanta la alegría, la costumbre sustituye al amor, el servicio se transforma en esclavitud. Viene a la mente la imagen de la lámpara encendida junto al tabernáculo, donde se conserva la Eucaristía. También cuando la iglesia se vacía y cae la noche, también cuando la iglesia está cerrada, esa lámpara permanece encendida, continúa ardiendo: no la ve nadie, pero arde ante el Señor. Así es el Espíritu en nuestro corazón, está siempre presente como esa lámpara.

Encontramos también escrito en el *Catecismo*: «El Espíritu Santo, cuya unción impregna todo nuestro ser, es el Maestro interior de la oración cristiana. Es el artífice de la tradición viva de la oración. Ciertamente hay tantos caminos en la oración como orantes, pero es el mismo Espíritu el que actúa en todos y con todos. En la comunión en el Espíritu Santo la oración cristiana es oración en la Iglesia» (n. 2672). Muchas veces sucede que nosotros no rezamos, no tenemos ganas de rezar o muchas veces rezamos como loros con la boca pero el corazón está lejos. Este es el momento de decir al Espíritu: «Ven, ven Espíritu Santo, calienta mi corazón. Ven y enséñame a rezar, enséñame a mirar al Padre, a mirar al Hijo. Enséñame cómo es el camino de la fe. Enséñame cómo amar y sobre todo enséñame a tener una actitud de esperanza». Se trata de llamar al Espíritu continuamente para que esté presente en nuestras vidas.

Es por tanto el Espíritu quien escribe la historia de la Iglesia y del mundo. Nosotros somos páginas abiertas, disponibles a recibir su caligrafía. Y en cada uno de nosotros el Espíritu compone obras originales, porque no habrá nunca un cristiano completamente idéntico a otro. En el campo infinito de la santidad, el único Dios, Trinidad de Amor, hace florecer la variedad de los testigos: todos iguales por dignidad, pero también únicos en la belleza que el Espíritu ha querido que se irradiase en cada uno de aquellos que la misericordia de Dios ha hecho sus hijos. No lo olvidemos, el Espíritu está presente, está presente en nosotros. Escuchemos al Espíritu, llamemos al Espíritu —es el don, el regalo que Dios nos ha hecho— y digámosle: «Espíritu Santo, yo no sé cómo es tu rostro —no lo conocemos— pero sé que tú eres la fuerza, que tú eres la luz, que tú eres capaz de hacerme ir adelante y de enseñarme cómo rezar. Ven Espíritu Santo». Una bonita oración esta: «Ven, Espíritu Santo».

28.
REZAR EN COMUNIÓN CON MARÍA[1]

Queridos hermanos y hermanas, ¡buenos días!

Hoy la catequesis está dedicada a la oración en comunión con María, y tiene lugar precisamente en la vigilia de la solemnidad de la Anunciación. Sabemos que el camino principal de la oración cristiana es la humanidad de Jesús. De hecho, la confianza típica de la oración cristiana no tendría significado si el Verbo no se hubiera encarnado, donándonos en el Espíritu su relación filial con el Padre. Hemos escuchado, en la lectura, de esa reunión de los discípulos, a las mujeres pías y María, rezando, después de la Ascensión de Jesús: es la primera comunidad cristiana que espera el don de Jesús, la promesa de Jesús.

Cristo es el Mediador, el puente que atravesamos para dirigirnos al Padre (cf. *Catecismo de la Iglesia Católica*, 2674).

---

[1] Audiencia general. Biblioteca del Palacio Apostólico. 24 de marzo de 2021.

Es el único Redentor: no hay co-redentores con Cristo. Es el Mediador por excelencia, es el Mediador. Cada oración que elevamos a Dios es por Cristo, con Cristo y en Cristo y se realiza gracias a su intercesión. El Espíritu Santo extiende la mediación de Cristo a todo tiempo y todo lugar: no hay otro nombre en el que podamos ser salvados (cf. *Hch* 4, 12). Jesucristo: el único Mediador entre Dios y los hombres.

De la única mediación de Cristo toman sentido y valor las otras referencias que el cristianismo encuentra para su oración y su devoción, en primer lugar a la Virgen María, la Madre de Jesús.

Ella ocupa en la vida y, por tanto, también en la oración del cristiano un lugar privilegiado, porque es la Madre de Jesús. Las Iglesias de Oriente la han representado a menudo como la *Odighitria*, aquella que "indica el camino", es decir el Hijo Jesucristo. Me viene a la mente ese bonito cuadro antiguo de la *Odighitria* en la catedral de Bari, sencillo: la Virgen que muestra a Jesús, desnudo. Después le pusieron una camisa para cubrir esa desnudez, pero la verdad es que Jesús está retratado desnudo, a indicar que él, hombre nacido de María, es el Mediador. Y ella señala al Mediador: ella es la *Odighitria*. En la iconografía cristiana su presencia está en todas partes, y a veces con gran protagonismo, pero siempre en relación al Hijo y en función de Él. Sus manos, sus ojos, su actitud son un "catecismo" viviente y siempre apuntan al fundamento, el centro: Jesús. María está totalmente dirigida a Él (cf. *CCE*, 2674). Hasta el punto que podemos decir que es más discípula que Madre. Esa indicación, en las bodas de Caná: María dice "haced lo que Él os diga". Siempre señala a Cristo; es la primera discípula.

Este es el rol que María ha ocupado durante toda su vida terrena y que conserva para siempre: ser humilde sierva del Señor, nada más. A un cierto punto, en los Evangelios, ella parece casi desaparecer; pero vuelve en los momentos cruciales, como en Caná, cuando el Hijo, gracias a su intervención atenta, realizó la primera "señal" (cf. *Jn* 2, 1-12), y después en el Gólgota, a los pies de la cruz.

Jesús extendió la maternidad de María a toda la Iglesia cuando se la encomendó al discípulo amado, poco antes de morir en la cruz. Desde ese momento, todos nosotros estamos colocados bajo su manto, como se ve en ciertos frescos y cuadros medievales. También la primera antífona latina – *Sub tuum praesidium confugimus, sancta Dei Genitrix*: la Virgen que, como Madre a la cual Jesús nos ha encomendado, envuelve a todos nosotros; pero como Madre, no como diosa, no como corredentora: como Madre. Es verdad que la piedad cristiana siempre le da bonitos títulos, como un hijo a la madre: ¡cuántas cosas bonitas dice un hijo a la madre a la que quiere! Pero estemos atentos: las cosas bonitas que la Iglesia y los Santos dicen de María no quita nada a la unicidad redentora de Cristo. Él es el único Redentor. Son expresiones de amor como la de un hijo a su madre —algunas veces exageradas—. Pero el amor, nosotros lo sabemos, siempre nos hace hacer cosas exageradas, pero con amor.

Y así empezamos a rezarla con algunas expresiones dirigidas a ella, presentes en los Evangelios: "llena de gracia", "bendita entre las mujeres" (cf. *CCE*, 2676s.). En la oración del Ave María pronto llegaría el título *Theotokos*, "Madre de Dios", ratificado por el Concilio de Éfeso. Y, análogamente y como sucede en el Padre Nuestro, después de la alabanza añadimos la súplica: pedimos a la Madre que ruegue por nosotros pecadores, para que interceda con su ternura, "ahora y en la hora de nuestra muerte". Ahora, en las situaciones concretas de la vida, y en el momento final, para que nos acompañe —como Madre, como primera discípula— en el paso a la vida eterna.

María está siempre presente en la cabecera de sus hijos que dejan este mundo. Si alguno se encuentra solo y abandonado, ella es Madre, está allí cerca, como estaba junto a su Hijo cuando todos le habían abandonado.

María ha estado presente en los días de pandemia, cerca de las personas que lamentablemente han concluido su camino terreno en una condición de aislamiento, sin el consuelo de la cercanía de sus seres queridos. María está siempre allí, junto a nosotros, con su ternura materna.

Las oraciones dirigidas a ella no son vanas. Mujer del "sí", que ha acogido con prontitud la invitación del Ángel, responde también a nuestras súplicas, escucha nuestras voces, también las que permanecen cerradas en el corazón, que no tienen la fuerza de salir pero que Dios conoce mejor que nosotros mismos. Las escucha como Madre. Como y más que toda buena madre, María nos defiende en los peligros, se preocupa por nosotros, también cuando nosotros estamos atrapados por nuestras cosas y perdemos el sentido del camino, y ponemos en peligro no solo nuestra salud sino nuestra salvación. María está allí, rezando por nosotros, rezando por quien no reza. Rezando con nosotros. ¿Por qué? Porque ella es nuestra Madre.

29.
REZAR EN COMUNIÓN CON LOS SANTOS[2]

Queridos hermanos y hermanas, ¡buenos días!

Hoy quisiera reflexionar sobre la relación entre la oración y la comunión de los santos. De hecho, cuando rezamos, nunca lo hacemos solos: aunque no lo pensemos, estamos inmersos en un majestuoso río de invocaciones que nos precede y continúa después de nosotros.

En las oraciones que encontramos en la Biblia, y que a menudo resuenan en la liturgia, vemos la huella de historias antiguas, de liberaciones prodigiosas, de deportaciones y tristes exilios, de regresos conmovidos, de alabanzas derramadas ante las maravillas de la creación... Y así estas voces se difunden de generación en generación, en una relación continua entre la experiencia personal y la del pueblo y la humanidad a la que pertenecemos. Nadie

---

[2] Audiencia general. Biblioteca del Palacio Apostólico. 7 de abril de 2021.

143

puede desprenderse de su propia historia, de la historia de su propio pueblo, siempre llevamos esta herencia en nuestras costumbres y también en la oración. En la oración de alabanza, especialmente en la que brota del corazón de los pequeños y los humildes, resuena algo del cántico del *Magnificat* que María elevó a Dios ante su pariente Isabel; o de la exclamación del anciano Simeón que, tomando al Niño Jesús en sus brazos, dijo así: «Ahora Señor, puedes, según tu palabra, dejar que tu siervo se vaya en paz» (*Lc* 2, 29).

Las oraciones —las buenas— son "difusivas", se propagan continuamente, con o sin mensajes en las redes sociales: desde las salas del hospital, desde las reuniones festivas y hasta desde los momentos en que se sufre en silencio... El dolor de cada uno es el dolor de todos, y la felicidad de uno se derrama sobre el alma de los demás. El dolor y la felicidad son parte de la única historia: son historias que se convierten en historia en la propia vida. Se revive la historia con palabras propias, pero la experiencia es la misma.

Las oraciones siempre renacen: cada vez que juntamos las manos y abrimos nuestro corazón a Dios, nos encontramos en compañía de santos anónimos y santos reconocidos que rezan con nosotros, y que interceden por nosotros, como hermanos y hermanas mayores que han pasado por nuestra misma aventura humana. En la Iglesia no hay duelo solitario, no hay lágrima que caiga en el olvido, porque todo respira y participa de una gracia común. No es una casualidad que en las iglesias antiguas las sepulturas estuvieran en el jardín alrededor del edificio sagrado, como para decir que la multitud de los que nos precedieron participa de alguna manera en cada Eucaristía. Están nuestros padres y abuelos, nuestros padrinos y madrinas, los catequistas y otros educadores... Esa fe transmitida, que hemos recibido: con la fe se ha transmitido también la forma de orar, la oración.

Los santos todavía están aquí, no lejos de nosotros; y sus representaciones en las iglesias evocan esa "nube de testigos" que siempre nos rodea (cf. *Hb* 12, 1). Hemos escuchado al principio la lectura del pasaje de la Carta a los Hebreos. Son testigos que no adoramos —por supuesto, no adoramos a estos santos—, pero que veneramos y que de mil maneras diferentes nos remiten a Jesucristo, único Señor y Mediador entre Dios y el hombre. Un santo que no te remite a Jesucristo no es un santo, ni siquiera cristiano. El Santo te recuerda a Jesucristo porque recorrió el camino de la vida como cristiano. Los santos nos recuerdan que también en nuestra vida, aunque débil y marcada por el pecado, la santidad puede florecer. Leemos en los Evangelios que el primer santo "canonizado" fue un ladrón y fue "canonizado" no por un papa, sino por el mismo Jesús. La santidad es un camino de vida, de encuentro con Jesús, ya sea largo, corto, o un instante, pero siempre es un testimonio. Un santo es el testimonio de un hombre o una mujer que han conocido a Jesús y han seguido a Jesús. Nunca es tarde para convertirse al Señor, bueno y grande en el amor (cf. *Sal* 102, 8).

El Catecismo explica que los santos «contemplan a Dios, lo alaban y no dejan de cuidar de aquellos que han quedado en la tierra. [...] Su intercesión es su más alto servicio al plan de Dios. Podemos y debemos rogarles que intercedan por nosotros y por el mundo entero» (*CCE*, 2683). En Cristo hay una solidaridad misteriosa entre los que han pasado a la otra vida y nosotros los peregrinos en esta: nuestros seres queridos fallecidos continúan cuidándonos desde el Cielo. Rezan por nosotros y nosotros rezamos por ellos, y rezamos con ellos.

Este vínculo de oración entre nosotros y los santos, es decir, entre nosotros y personas que han alcanzado la plenitud de la vida, este vínculo de oración lo experimentamos ya aquí, en la vida terrena: oramos los unos por los otros, pedimos y ofrecemos oraciones... La primera forma de rezar por alguien es hablar con Dios de él o de ella. Si lo hacemos con frecuencia, todos los días, nuestro corazón no se cierra, permanece abierto a los hermanos. Rezar por los demás es la primera forma de amarlos y nos empuja a una cercanía concreta. Incluso en los momentos de conflicto, una forma de resolver el conflicto, de suavizarlo, es rezar por la persona con la que estoy en conflicto. Y algo cambia con la oración. Lo primero que cambia es mi corazón, es mi actitud. El Señor lo cambia para hacer posible un encuentro, un nuevo encuentro y para evitar que el conflicto se convierta en una guerra sin fin.

La primera forma de afrontar un momento de angustia es pedir a los hermanos, a los santos sobre todo, que recen por nosotros. ¡El nombre que nos dieron en el Bautismo no es una etiqueta ni una decoración! Suele ser el nombre de la Virgen, de un santo o de una santa, que no desean más que "echarnos una mano" en la vida, echarnos una mano para obtener de Dios las gracias que más necesitamos. Si en nuestra vida las pruebas no han superado el colmo, si todavía somos capaces de perseverar, si a pesar de todo seguimos adelante con confianza, quizás todo esto, más que a nuestros méritos, se lo debemos a la intercesión de tantos santos, unos en el Cielo, otros peregrinos como nosotros en la tierra, que nos han protegido y acompañado porque todos sabemos que aquí en la tierra hay gente santa, hombres y mujeres santos que viven en santidad. Ellos no lo saben, nosotros tampoco lo sabemos, pero hay santos, santos de todos los días, santos escondidos o como me gusta decir los "santos de la puerta de al lado", los que viven con nosotros en la vida, que trabajan con nosotros y llevan una vida de santidad.

Bendito sea Jesucristo, único Salvador del mundo, junto con este inmenso florecimiento de santos y santas, que pueblan la tierra y que han hecho de su vida una alabanza a Dios. Porque –como afirmaba san Basilio– «el santo es para el Espíritu un lugar propio, ya que se ofrece a habitar con Dios y es llamado templo suyo» (*Liber de Spiritu Sancto*, 26, 62: PG 32, 184A; cf. *CCE*, 2684).

30.
LA IGLESIA, MAESTRA DE ORACIÓN[3]

Queridos hermanos y hermanas, ¡buenos días!

La Iglesia es una gran escuela de oración. Muchos de nosotros han aprendido a silabear las primeras oraciones estando sobre las rodillas de los padres o los abuelos. Quizá custodiamos el recuerdo de la madre y del padre que nos enseñaban a recitar las oraciones antes de ir a dormir. Esos momentos de recogimiento son a menudo aquellos en los que los padres escuchan de los hijos alguna confidencia íntima y pueden dar su consejo inspirado en el Evangelio. Después, en el camino del crecimiento, se hacen otros encuentros, con otros testigos y maestros de oración (cfr. *Catecismo de la Iglesia Católica*, 2686-2687). Hace bien recordarlos.

La vida de una parroquia y de toda comunidad cristiana está marcada por los tiempos de la liturgia y de la

---

[3] Audiencia general. Biblioteca del Palacio Apostólico. 14 de abril de 2021.

oración comunitaria. Ese don que en la infancia hemos recibido con sencillez, nos damos cuenta de que es un patrimonio grande, un patrimonio muy rico, y que la experiencia de la oración merece ser profundizada cada vez más (cfr. *ibíd.*, 2688). El hábito de la fe no es almidonado, se desarrolla con nosotros; no es rígido, crece, también a través de momentos de crisis y resurrecciones; es más, no se puede crecer sin momentos de crisis, porque la crisis te hace crecer: entrar en crisis es un modo necesario para crecer. Y la respiración de la fe es la oración: crecemos en la fe tanto como aprendemos a rezar. Después de ciertos pasajes de la vida, nos damos cuenta de que sin la fe no hubiéramos podido lograrlo y que la oración ha sido nuestra fuerza. No solo la oración personal, sino también la de los hermanos y de las hermanas, y de la comunidad que nos ha acompañado y sostenido, de la gente que nos conoce, de la gente a la cual pedimos rezar por nosotros.

También por esto en la Iglesia florecen continuamente comunidades y grupos dedicados a la oración. Algún cristiano siente incluso la llamada a hacer de la oración la acción principal de sus jornadas. En la Iglesia hay monasterios, hay conventos, ermitas, donde viven personas consagradas a Dios y que a menudo se convierten en centros de irradiación espiritual. Son comunidades de oración que irradian espiritualidad. Son pequeños oasis en los que se comparte una oración intensa y se construye día a día la comunión fraterna. Son células vitales, no solo para el tejido eclesial sino para la sociedad misma. Pensemos, por ejemplo, en el rol que tuvo el monacato para el nacimiento y el crecimiento de la civilización europea, y también en otras culturas. Rezar y trabajar en comunidad lleva adelante el mundo. Es un motor.

150

Todo en la Iglesia nace en la oración, y todo crece gracias a la oración. Cuando el Enemigo, el Maligno, quiere combatir la Iglesia, lo hace primero tratando de secar sus fuentes, impidiéndole rezar. Por ejemplo, lo vemos en ciertos grupos que se ponen de acuerdo para llevar adelante reformas eclesiales, cambios en la vida de la Iglesia... Están todas las organizaciones, están los medios de comunicación que informan a todos... Pero la oración no se ve, no se reza. «Tenemos que cambiar esto, tenemos que tomar esta decisión que es un poco fuerte...». Es interesante la propuesta, es interesante, solo con la discusión, solo con los medios de comunicación, pero ¿dónde está la oración? La oración es la que abre la puerta al Espíritu Santo, que es quien inspira para ir adelante. Los cambios en la Iglesia sin oración no son cambios de Iglesia, son cambios de grupo. Y cuando el Enemigo —como he dicho— quiere combatir la Iglesia, lo hace en primer lugar tratando de secar sus fuentes, impidiéndole rezar, e [induciéndola a] hacer estas otras propuestas. Si cesa la oración, por un momento parece que todo pueda ir adelante como siempre —por inercia—, pero poco después la Iglesia se da cuenta de haberse convertido en un envoltorio vacío, de haber perdido el eje de apoyo, de no poseer más la fuente del calor y del amor.

Las mujeres y los hombres santos no tienen una vida más fácil que los otros, es más, ellos también tienen sus problemas que afrontar y, además, a menudo son objeto de oposiciones. Pero su fuerza es la oración, que sacan siempre del "pozo" inagotable de la madre Iglesia. Con la oración alimentan la llama de su fe, como se hacía con el aceite de las lámparas. Y así van adelante caminando en la fe y en la esperanza. Los santos, que a menudo a los ojos del mundo cuentan poco, en realidad son los que lo sostienen, no con las armas del dinero y del poder, de los medios de comunicación, etc., sino con las armas de la oración.

En el Evangelio de Lucas, Jesús plantea una pregunta dramática que siempre nos hace reflexionar: «Cuando el Hijo del hombre venga, ¿encontrará la fe sobre la tierra?» (*Lc* 18, 8), ¿o encontrará solamente organizaciones, como un grupo de "empresarios de la fe", todos bien organizados, que hacen beneficencia, muchas cosas…, o encontrará fe? «Cuando el Hijo del hombre venga, ¿encontrará la fe sobre la tierra?». Esta pregunta está al final de una parábola que muestra la necesidad de rezar con perseverancia, sin cansarse (cfr. vv. 1-8). Por tanto, podemos concluir que la lámpara de la fe estará siempre encendida sobre la tierra mientras esté el aceite de la oración. La lámpara de la verdadera fe de la Iglesia estará siempre encendida en la tierra mientras esté el aceite de la oración. Es eso que lleva adelante la fe y lleva adelante nuestra pobre vida, débil, pecadora, pero la oración la lleva adelante con seguridad. Es una pregunta que nosotros cristianos tenemos que hacernos: ¿rezo? ¿Rezamos? ¿Cómo rezo? ¿Cómo los loros o rezo con el corazón? ¿Cómo rezo? ¿Rezo seguro de que estoy en la Iglesia y rezo con la Iglesia, o rezo un poco según mis ideas y hago que mis ideas se conviertan en oración? Esta es una oración pagana, no cristiana. Repito: podemos concluir que la lámpara de fe estará siempre encendida en la tierra mientras esté el aceite de la oración.

Y esta es una tarea esencial de la Iglesia: rezar y educar a rezar. Transmitir de generación en generación la lámpara de la fe con el aceite de la oración. La lámpara de la fe que ilumina, que organiza las cosas realmente cómo son, pero que puede ir adelante solo con el aceite de la oración.

De lo contrario se apaga. Sin la luz de esta lámpara, no podremos ver el camino para evangelizar, es más, no podremos ver el camino para creer bien; no podremos ver los rostros de los hermanos a los que acercarse y servir; no podremos iluminar la habitación donde encontrarnos en comunidad… Sin la fe, todo se derrumba; y sin la oración, la fe se apaga. Fe y oración, juntas. No hay otro camino. Por esto la Iglesia, que es casa y escuela de comunión, es casa y escuela de fe y de oración.

31.
LA ORACIÓN VOCAL[1]

Queridos hermanos y hermanas, ¡buenos días!

La oración es diálogo con Dios; y toda criatura, en un cierto sentido, "dialoga" con Dios. En el ser humano, la oración se convierte en palabra, invocación, canto, poesía… La Palabra divina se ha hecho carne, y en la carne de cada hombre la palabra vuelve a Dios en la oración.

Las palabras son nuestras criaturas, pero son también nuestras madres, y de alguna manera nos modelan. Las palabras de una oración nos hacen atravesar sin peligro un valle oscuro, nos dirigen hacia prados verdes y ricos de aguas, haciéndonos festejar bajo los ojos de un enemigo, como nos enseña a recitar el salmo (cfr. *Sal* 23). Las palabras esconden sentimientos, pero existe también el camino inverso: ese en el que las palabras modelan los

---

[1] Audiencia general. Biblioteca del Palacio Apostólico. 21 de abril de 2021.

sentimientos. La Biblia educa al hombre para que todo salga a la luz de la palabra, que nada humano sea excluido, censurado. Sobre todo, el dolor es peligroso si permanece cubierto, cerrado dentro de nosotros… Un dolor cerrado dentro de nosotros, que no puede expresarse o desahogarse, puede envenenar el alma; es mortal.

Por esta razón la Sagrada Escritura nos enseña a rezar también con palabras a veces audaces. Los escritores sagrados no quieren engañarnos sobre el hombre: saben que en su corazón albergan también sentimientos poco edificantes, incluso el odio. Ninguno de nosotros nace santo, y cuando estos sentimientos malos llaman a la puerta de nuestro corazón es necesario ser capaces de desactivarlos con la oración y con las palabras de Dios. En los salmos encontramos también expresiones muy duras contra los enemigos —expresiones que los maestros espirituales nos enseñan para referirnos al diablo y a nuestros pecados—; y también son palabras que pertenecen a la realidad humana y que han terminado en el cauce de las Sagradas Escrituras. Están ahí para testimoniarnos que, si delante de la violencia no existieran las palabras, para hacer inofensivos los malos sentimientos, para canalizarlos para que no dañen, el mundo estaría completamente hundido.

La primera oración humana es siempre una recitación vocal. En primer lugar, se mueven siempre los labios. Aunque como todos sabemos rezar no significa repetir palabras, sin embargo, la oración vocal es la más segura y siempre es posible ejercerla. Los sentimientos, sin embargo, aunque sean nobles, son siempre inciertos: van y vienen, nos abandonan y regresan. No solo eso, también las gracias de la oración son imprevisibles: en algún momento las consolaciones abundan, pero en los días más oscuros parecen evaporarse del todo. La oración del corazón es misteriosa y en ciertos momentos se ausenta. La oración de los labios, la que se susurra o se recita en coro, sin embargo, está siempre disponible, y es necesaria como el trabajo manual. El *Catecismo* afirma: «La oración vocal es un elemento indispensable de la vida cristiana. A los discípulos, atraídos por la oración silenciosa de su Maestro, este les enseña una oración vocal: el "Padre Nuestro"» (n. 2701). "Enséñanos a rezar", piden los discípulos a Jesús, y Jesús enseña una oración vocal: el Padre Nuestro. Y en esa oración está todo.

Todos deberíamos tener la humildad de ciertos ancianos que, en la iglesia, quizá porque su oído ya no está bien, recitan a media voz las oraciones que aprendieron de niños, llenando el pasillo de susurros. Esa oración no molesta el silencio, sino que testimonia la fidelidad al deber de la oración, practicada durante toda la vida, sin fallar nunca. Estos orantes de la oración humilde son a menudo los grandes intercesores de las parroquias: son los robles que cada año extienden sus ramas, para dar sombra al mayor número de personas. Solo Dios sabe cuánto y cuándo su corazón está unido a esas oraciones recitadas: seguramente también estas personas han tenido que afrontar noches y momentos de vacío. Pero a la oración vocal se puede permanecer siempre fiel. Es como un ancla: aferrarse a la cuerda para quedarse ahí, fiel, suceda lo que suceda.

Todos tenemos que aprender de la constancia de ese peregrino ruso, del que habla una célebre obra de espiritualidad, el cual aprendió el arte de la oración repitiendo infinitas veces la misma invocación: «¡Jesús, Cristo, Hijo de Dios, Señor, ten piedad de nosotros, pecadores!» (cfr. *CIC*, 2616; 2667). Repetía solo esto. Si llegan gracias en su vida, si la oración se hace un día suficientemente caliente como para percibir la presencia del Reino aquí en medio de nosotros, si su mirada se transforma hasta ser como la de un niño, es porque ha insistido en la recitación de una sencilla jaculatoria cristiana. Al final, esta se convierte en parte de su respiración. Es bonita la historia del peregrino ruso: es un libro para todos. Os aconsejo leerlo: os ayudará a entender qué es la oración vocal.

Por tanto, no debemos despreciar la oración vocal. Alguno dice: «Es cosa de niños, para la gente ignorante; yo estoy buscando la oración mental, la meditación, el vacío interior para que venga Dios». Por favor, no es necesario caer en la soberbia de despreciar la oración vocal. Es la oración de los sencillos, la que nos ha enseñado Jesús: Padre nuestro, que está en los cielos… Las palabras que pronunciamos nos toman de la mano; en algunos momentos devuelven el sabor, despiertan hasta el corazón más adormecido; despiertan sentimientos de los que habíamos perdido la memoria, y nos llevan de la mano hacia la experiencia de Dios. Y sobre todo son las únicas, de forma segura, que dirigen a Dios las preguntas que Él quiere escuchar. Jesús no nos ha dejado en la niebla. Nos ha dicho: «¡Vosotros, cuando recéis, decid así!». Y ha enseñado la oración del Padre Nuestro (cfr. *Mt* 6, 9).

32.
LA MEDITACIÓN[1]

Queridos hermanos y hermanas, ¡buenos días!

Hoy hablamos de esa forma de oración que es la *meditación*. Para un cristiano "meditar" es buscar una síntesis: significa ponerse delante de la gran página de la Revelación para intentar hacerla nuestra, asumiéndola completamente. Y el cristiano, después de haber acogido la Palabra de Dios, no la tiene cerrada dentro de sí, porque esa Palabra debe encontrarse con «otro libro», que el *Catecismo* llama «el de la vida» (cfr. *Catecismo de la Iglesia Católica*, 2706). Es lo que intentamos hacer cada vez que meditamos la Palabra.

La práctica de la meditación ha recibido en estos años una gran atención. De esta no hablan solamente los cristianos: existe una práctica meditativa en casi todas las religiones del mundo. Pero se trata de una actividad difundida

---

[1] Audiencia general. Biblioteca del Palacio Apostólico. 28 de abril de 2021.

también entre personas que no tienen una visión religiosa de la vida. Todos necesitamos meditar, reflexionar, reencontrarnos a nosotros mismos, es una dinámica humana. Sobre todo, en el voraz mundo occidental se busca la meditación porque esta representa un alto terraplén contra el estrés cotidiano y el vacío que se esparce por todos lados. Ahí está, por tanto, la imagen de jóvenes y adultos sentados en recogimiento, en silencio, con los ojos medio cerrados... Pero podemos preguntarnos: ¿qué hacen estas personas? Meditan. Es un fenómeno que hay que mirar con buenos ojos: de hecho nosotros no estamos hechos para correr en continuación, poseemos una vida interior que no puede ser siempre pisoteada. Meditar es por tanto una necesidad de todos. Meditar, por así decir, se parecería a detenerse y respirar hondo en la vida.

Pero nos damos cuenta que esta palabra, una vez acogida en un contexto cristiano, asume una especificidad que no debe ser cancelada. Meditar es una dimensión humana necesaria, pero meditar en el contexto cristiano va más allá: es una dimensión que no debe ser cancelada. La gran puerta a través de la cual pasa la oración de un bautizado —lo recordamos una vez más— es Jesucristo. Para el cristiano la meditación entra por la puerta de Jesucristo. También la práctica de la meditación sigue este sendero. Y el cristiano, cuando reza, no aspira a la plena transparencia de sí, no se pone en búsqueda del núcleo más profundo de su yo. Esto es lícito, pero el cristiano busca otra cosa. La oración del cristiano es sobre todo encuentro con el Otro, con el Otro pero con la O mayúscula: el encuentro trascendente con Dios. Si una experiencia de oración nos dona la paz interior, o el dominio de nosotros mismos, o la lucidez sobre el camino que emprender, estos resultados son, por así decir, efectos colaterales de la gracia de la oración cristiana que es el encuentro con Jesús, es decir meditar es ir al encuentro con Jesús, guiados por una frase o una palabra de la Sagrada Escritura.

El término "meditación" a lo largo de la historia ha tenido significados diferentes. También dentro del cristianismo se refiere a experiencias espirituales diferentes. Sin embargo, se pueden trazar algunas líneas comunes, y en esto nos ayuda también el *Catecismo*, que dice así: «Los métodos de meditación son tan diversos como diversos son los maestros espirituales. [...] Pero un método no es más que un guía; lo importante es avanzar, con el Espíritu Santo, por el único camino de la oración: Cristo Jesús» (n. 2707). Y aquí se señala un compañero de camino, uno que nos guía: el Espíritu Santo. No es posible la meditación cristiana sin el Espíritu Santo. Es Él quien nos guía al encuentro con Jesús. Jesús nos había dicho: «Os enviaré el Espíritu Santo. Él os enseñará y os explicará. Os enseñará y os explicará». Y también en la meditación, el Espíritu Santo es la guía para ir adelante en el encuentro con Jesucristo.

Por tanto, son muchos los métodos de meditación cristiana: algunos muy sobrios, otros más articulados; algunos acentúan la dimensión intelectual de la persona, otros más bien la afectiva y emotiva. Son métodos. Todos son importantes y todos son dignos de ser practicados, en cuanto que pueden ayudar a la experiencia de la fe a convertirse en un acto total de la persona: no reza solo la mente, reza todo el hombre, la totalidad de la persona, como no reza solo el sentimiento. En la antigüedad se solía decir que el órgano de la oración es el corazón, y así explicaban que es todo el hombre, a partir de su centro, del corazón, que entra en relación con Dios, y no solamente algunas facultades suyas. Por eso se debe recordar siempre que el método es un camino, no una meta: cualquier método de oración, si quiere ser cristiano, forma parte de esa *sequela Christi* que es la esencia de nuestra fe. Los métodos de meditación son caminos a recorrer para llegar al encuentro con Jesús, pero si tú te detienes en el camino y miras solamente el camino, no encontrarás nunca a Jesús. Harás del camino un dios, pero el camino es un medio para llevarte a Jesús. El *Catecismo* precisa: «La meditación hace intervenir al pensamiento, la imaginación, la emoción y el deseo. Esta movilización es necesaria para profundizar en las convicciones de fe, suscitar la conversión del corazón y fortalecer la voluntad de seguir a Cristo. La oración cristiana se aplica preferentemente a meditar "los misterios de Cristo"» (n. 2708).

Esta es por tanto la gracia de la oración cristiana: Cristo no está lejos, sino que está siempre en relación con nosotros. No hay aspecto de su persona divino-humana que no pueda convertirse para nosotros en lugar de salvación y de felicidad. Cada momento de la vida terrena de Jesús, a través de la gracia de la oración, se puede convertir para nosotros en contemporáneo, gracias al Espíritu Santo, la guía. Pero vosotros sabéis que no se puede rezar sin la guía del Espíritu Santo. ¡Es Él quien nos guía! Y gracias al Espíritu Santo, también nosotros estamos presentes en el río Jordán, cuando Jesús se sumerge en él para recibir el bautismo. También nosotros somos comensales de las bodas de Caná, cuando Jesús dona el vino más bueno para la felicidad de los esposos, es decir, es el Espíritu Santo quien nos une con estos misterios de la vida de Cristo porque en la contemplación de Jesús hacemos experiencia de la oración para unirnos más a Él. También nosotros asistimos asombrados a las muchas sanaciones realizadas por el Maestro. Tomamos el Evangelio, hacemos la meditación de esos misterios del Evangelio y el Espíritu nos guía para estar presentes ahí. Y en la oración –cuando rezamos– todos nosotros somos como el leproso purificado, el ciego Bartimeo que recupera la vista, Lázaro que sale del sepulcro... También nosotros somos sanados en la oración como fue sanado el ciego Bartimeo, ese otro, el leproso... También nosotros hemos resucitado, como resucitó Lázaro, porque la oración de meditación guiada por el Espíritu Santo, nos lleva a revivir estos misterios de la vida de Cristo y a encontrarnos con Cristo y a decir, con el ciego: «Señor, ¡ten piedad de mí! Ten piedad de mí» –«¿Y qué quieres?»– «Ver, entrar en ese diálogo». Y la meditación cristiana, guiada por el Espíritu nos lleva este diálogo con Jesús. No hay página del Evangelio en la que no haya lugar para nosotros. Meditar, para nosotros cristianos, es una forma de encontrar a Jesús. Y así, solo así, reencontrarnos con nosotros mismos. Y esto no es un encerrarnos en nosotros mismos, no: ir a Jesús y en Jesús encontrarnos a nosotros mismos, sanados, resucitados, fuertes por la gracia de Jesús. Y encontrar a Jesús salvador de todos, también mío. Y esto gracias a la guía del Espíritu Santo.

33.
LA ORACIÓN CONTEMPLATIVA[1]

Queridos hermanos y hermanas, ¡buenos días!

Seguimos con las catequesis sobre la oración y en esta catequesis quisiera detenerme en la oración de contemplación.

La dimensión contemplativa del ser humano –que aún no es la oración contemplativa– es un poco como la "sal" de la vida: da sabor, da gusto a nuestros días. Se puede contemplar mirando el sol saliendo por la mañana, o los árboles que visten de verde la primavera; se puede contemplar escuchando música o el canto de los pájaros, leyendo un libro, delante de una obra de arte o esa obra maestra que es el rostro humano… Carlo María Martini, enviado como obispo a Milán, tituló su primera Carta pastoral *La dimensión contemplativa de la vida*: de hecho, quien vive en una gran ciudad, donde todo –podemos

---

[1] Audiencia general. Biblioteca del Palacio Apostólico. 5 de mayo de 2021.

decir— es artificial, donde todo es funcional, corre el riesgo de perder la capacidad de contemplar. Contemplar no es en primer lugar una forma de hacer, sino que es una forma de ser: ser contemplativo.

Ser contemplativos no depende de los ojos, sino del corazón. Y aquí entra en juego la oración, como acto de fe y de amor, como "respiración" de nuestra relación con Dios. La oración purifica el corazón, y con eso, aclara también la mirada, permitiendo acoger la realidad desde otro punto de vista. El Catecismo describe esta transformación del corazón por parte de la oración citando un famoso testimonio del santo Cura de Ars: «La oración contemplativa es mirada de fe, fijada en Jesús. "Yo le miro y él me mira", decía a su santo cura un campesino de Ars que oraba ante el Sagrario. […] La luz de la mirada de Jesús ilumina los ojos de nuestro corazón; nos enseña a ver todo a la luz de su verdad y de su compasión por todos los hombres» (*Catecismo de la Iglesia Católica*, 2715). Todo nace de ahí: de un corazón que se siente mirado con amor. Entonces la realidad es contemplada con ojos diferentes.

«¡Yo le miro, y Él me mira!». Es así: en la contemplación amorosa, típica de la oración más íntima, no son necesarias muchas palabras: basta una mirada, basta con estar convencidos de que nuestra vida está rodeada de un amor grande y fiel del que nada nos podrá separar.

Jesús ha sido maestro de esta mirada. En su vida no han faltado nunca los tiempos, los espacios, los silencios, la comunión amorosa que permite a la existencia no ser devastada por las pruebas inevitables, sino de custodiar intacta la belleza. Su secreto era la relación con el Padre celeste.

Pensemos en el suceso de la Transfiguración. Los Evangelios colocan este episodio en el momento crítico de la misión de Jesús, cuando crecen en torno a Él la protesta

166

y el rechazo. Incluso entre sus discípulos muchos no lo entienden y se van; uno de los Doce alberga pensamientos de traición. Jesús empieza a hablar abiertamente de los sufrimientos y de la muerte que le esperan en Jerusalén. En este contexto Jesús sube a lo alto del monte con Pedro, Santiago y Juan. Dice el Evangelio de Marcos: «Y se transfiguró delante de ellos, y sus vestidos se volvieron resplandecientes, muy blancos, tanto que ningún batanero en la tierra sería capaz de blanquearlos de ese modo» (9, 2-3). Precisamente en el momento en el que Jesús es incomprendido —se iban, le dejaban solo porque no entendían—, y en este momento que Él es incomprendido, precisamente cuando todo parece ofuscarse en un torbellino de malentendidos, es ahí que resplandece una luz divina. Es la luz del amor del Padre, que llena el corazón del Hijo y transfigura toda su Persona.

Algunos maestros de espiritualidad del pasado han entendido la contemplación como opuesta a la acción, y han exaltado esas vocaciones que huyen del mundo y de sus problemas para dedicarse completamente a la oración. En realidad, en Jesucristo en su persona y en el Evangelio no hay contraposición entre contemplación y acción, no. En el Evangelio en Jesús no hay contradicción. Esta puede que provenga de la influencia de algún filósofo neoplatónico, pero seguramente se trata de un dualismo que no pertenece al mensaje cristiano.

Hay una única gran llamada en el Evangelio, y es la de seguir a Jesús por el camino del amor. Este es el ápice, es el centro de todo. En este sentido, caridad y contemplación son sinónimos, dicen lo mismo. San Juan de la Cruz sostenía que un pequeño acto de amor puro es más útil a la Iglesia que todas las demás obras juntas. Lo que nace de la oración y no de la presunción de nuestro yo, lo que es purificado por la humildad, incluso si es un acto de amor apartado y silencioso, es el milagro más grande que un cristiano pueda realizar. Y este es el camino de la oración de contemplación: ¡yo le miro, Él me mira! Este acto de amor en el diálogo silencioso con Jesús ha hecho mucho bien a la Iglesia.

34.
EL COMBATE DE LA ORACIÓN[1]

Queridos hermanos y hermanas, ¡buenos días!

Estoy contento de retomar este encuentro cara a cara, porque os digo algo: no es bonito hablar delante de la nada, de una cámara. No es bonito. Y ahora, después de tantos meses, gracias a la valentía de monseñor Sapienza —que ha dicho: «¡No, lo hacemos allí!»— estamos aquí reunidos. ¡Es bueno monseñor Sapienza! Y encontrar la gente, y encontraros a vosotros, cada uno con su propia historia, gente que viene de todas las partes, de Italia, de Estados Unidos, de Colombia, después ese pequeño equipo de fútbol de cuarto hermanos suizos —creo— que están allí… cuatro. Falta la hermana, esperemos que llegue… Y veros a cada uno de vosotros a mí me alegra, porque somos todos hermanos en el Señor y mirarnos nos ayuda a rezar el uno por el otro. También la gente que está lejos pero siempre se hace cercana.

---

[1] Audiencia general. Patio de San Dámaso. 12 de mayo de 2021.

La hermana sor Geneviève, que no puede faltar, que viene del *Lunapark*, gente que trabaja: son muchos y están aquí todos. Gracias por vuestra presencia y vuestra visita. Llevad el mensaje del papa a todos. El mensaje del papa es que yo rezo por todos, y pido rezar por mí unidos en la oración.

Y hablando de la oración, la oración cristiana, como toda la vida cristiana, no es "como dar un paseo". Ninguno de los grandes orantes que encontramos en la Biblia y en la historia de la Iglesia ha tenido una oración "cómoda". Sí, se puede rezar como los loros —bla, bla, bla, bla, bla— pero esto no es oración. La oración ciertamente dona una gran paz, pero a través de un combate interior, a veces duro, que puede acompañar también periodos largos de la vida. Rezar no es algo fácil y por eso nosotros escapamos de la oración. Cada vez que queremos hacerlo, enseguida nos vienen a la mente muchas otras actividades, que en ese momento parecen más importantes y más urgentes. Esto me sucede también a mí: voy a rezar un poco… Y no, debo hacer esto y lo otro… Nosotros huimos de la oración, no sé por qué, pero es así. Casi siempre, después de haber pospuesto la oración, nos damos cuenta de que esas cosas no eran en absoluto esenciales, y que quizá hemos perdido el tiempo. El Enemigo nos engaña así.

Todos los hombres y las mujeres de Dios mencionan no solamente la alegría de la oración, sino también la molestia y la fatiga que puede causar: en algunos momentos es una dura lucha mantener la fe en los tiempos y en las formas de la oración. Algún santo la ha llevado adelante durante años sin sentir ningún gusto, sin percibir la utilidad. El silencio, la oración, la concentración son ejercicios difíciles, y alguna vez la naturaleza humana se rebela. Preferiríamos estar en cualquier otra parte del mundo, pero no ahí, en ese banco de la iglesia rezando. Quien quiere rezar debe recordar que la fe no es fácil, y alguna vez procede en una oscuridad casi total, sin puntos de referencia. Hay momentos de la vida de fe que son oscuros y por esto algún santo los llama: "La noche oscura", porque no se siente nada. Pero yo sigo rezando.

El *Catecismo* enumera una larga serie de enemigos de la oración, los que hacen difícil rezar, que ponen dificultades (cfr. nn. 2726-2728). Algunos dudan de que esta pueda alcanzar verdaderamente al Omnipotente: ¿pero por qué está Dios en silencio? Si Dios es Omnipotente, podría decir dos palabras y terminar la historia. Ante lo inaprensible de lo divino, otros sospechan que la oración sea una mera operación psicológica; algo que quizá es útil, pero no verdadera ni necesaria: y se podría incluso ser practicantes sin ser creyentes. Y así sucesivamente, muchas explicaciones.

Los peores enemigos de la oración están dentro de nosotros. El *Catecismo* los llama así: «Desaliento ante la sequedad, tristeza de no entregarnos totalmente al Señor, porque tenemos "muchos bienes", decepción por no ser escuchados según nuestra propia voluntad; herida de nuestro orgullo que se endurece en nuestra indignidad de pecadores, difícil aceptación de la gratuidad de la oración, etc.» (n. 2728). Se trata claramente de una lista resumida, que podría ser ampliada.

¿Qué hacer en el tiempo de la tentación, cuando todo parece vacilar? Si exploramos la historia de la espiritualidad, notamos enseguida cómo los maestros del alma tenían bien clara la situación que hemos descrito. Para superarla, cada uno de ellos ofreció alguna contribución: una palabra de sabiduría, o una sugerencia para afrontar los tiempos llenos de dificultad. No se trata de teorías elaboradas en la mesa, no, sino consejos nacidos de la experiencia, que muestran la importancia de resistir y de perseverar en la oración.

Sería interesante repasar al menos algunos de estos consejos, porque cada uno merece ser profundizado. Por ejemplo, los Ejercicios espirituales de san Ignacio de Loyola son un libro de gran sabiduría, que enseña a poner en orden la propia vida. Hace entender que la vocación cristiana es militancia, es decisión de estar bajo la bandera de Jesucristo y no bajo la del diablo, tratando de hacer el bien también cuando se vuelve difícil.

En los tiempos de prueba está bien recordar que no estamos solos, que alguien vela a nuestro lado y nos protege. También san Antonio abad, el fundador del monacato cristiano, en Egipto, afrontó momentos terribles, en los que la oración se transformaba en dura lucha. Su biógrafo san Atanasio, obispo de Alejandría, narra que uno de los peores episodios le sucedió al santo ermitaño en torno a los treinta y cinco años, mediana edad que para muchos conlleva una crisis. Antonio fue turbado por esa prueba, pero resistió. Cuando finalmente volvió a la serenidad, se dirigió a su Señor con un tono casi de reproche: «¿Dónde estabas? ¿Por qué no viniste enseguida a poner fin a mis sufrimientos?». Y Jesús respondió: «Antonio, yo estaba allí. Pero esperaba verte combatir» (*Vida de Antonio*, 10).

Combatir en la oración. Y muchas veces la oración es un combate. Me viene a la memoria una cosa que viví de cerca, cuando estaba en la otra diócesis. Había una pareja que tenía una hija de nueve años, con una enfermedad que los médicos no sabían lo que era. Y al final, en el hospital, el médico dijo a la madre: «Señora, llame a su marido». Y el marido estaba en el trabajo; eran obreros, trabajando todos los días. Y dijo al padre: «La niña no pasará de esta noche. Es una infección, no podemos hacer nada». Ese hombre, quizá no iba todos los domingos a misa, pero tenía una fe grande. Salió llorando, dejó a la mujer allí con la niña en el hospital, tomó el tren e hizo los setenta kilómetros de distancia hacia la Basílica de la Virgen de Luján, la patrona de Argentina. Y allí —la basílica estaba ya cerrada, eran casi las diez de la noche— él se aferró a las rejas de la Basílica y toda la noche rezando a la Virgen, combatiendo por la salud de la hija. Esta no es una fantasía, ¡yo lo he visto! Lo he vivido yo. Combatiendo ese hombre allí. Al final, a las seis de la mañana, se abrió la iglesia y él entró a saludar a la Virgen: toda la noche "combatiendo", y después volvió a casa. Cuando llegó, buscó a su mujer, pero no la encontró y pensó: «Se ha ido. No, la Virgen no puede hacerme esto». Después la encontró, sonriente que decía: «No sé qué ha pasado; los médicos dicen que ha cambiado así y que ahora está curada». Ese hombre luchando con la oración ha obtenido la gracia de la Virgen. La Virgen le ha escuchado. Y esto lo he visto yo: la oración hace milagros, porque la oración va precisamente al centro de la ternura de Dios que nos ama como un padre. Y cuando no se cumple la gracia, hará otra que después veremos con el tiempo. Pero siempre es necesario el combate en la oración para pedir la gracia. Sí, a veces nosotros pedimos una gracia que necesitamos, pero la pedimos así, sin ganas, sin combatir, pero no se piden así las cosas serias. La oración es un combate y el Señor siempre está con nosotros.

Si en un momento de ceguera no logramos ver su presencia, lo lograremos en un futuro. Nos sucederá también a nosotros repetir la misma frase que dijo un día el patriarca Jacob: «¡Así pues, está Yahveh en este lugar y yo no lo sabía!» (*Gen* 28, 16). Al final de nuestra vida, mirando hacia atrás, también nosotros podremos decir: «Pensaba que estaba solo, pero no, no lo estaba: Jesús estaba conmigo». Todos podremos decir esto.

35.
DISTRACCIONES, SEQUEDAD, ACEDIA[1]

Queridos hermanos y hermanas, ¡buenos días!

Siguiendo las líneas del *Catecismo*, en esta catequesis nos referimos a la experiencia vivida de la oración, tratando de mostrar algunas dificultades muy comunes, que deben ser identificadas y superadas. Rezar no es fácil: hay muchas dificultades que vienen en la oración. Es necesario conocerlas, identificarlas y superarlas.

El primer problema que se presenta a quien reza es la *distracción* (cfr. *CIC*, 2729). Tú empiezas a rezar y después la mente da vueltas, da vueltas por todo el mundo; tu corazón está ahí, la mente está ahí… la distracción de la oración. La oración convive a menudo con la distracción. De hecho, a la mente humana le cuesta detenerse durante mucho tiempo en un solo pensamiento. Todos experimentamos este continuo remolino de imágenes y

---

[1] Audiencia general. Patio de San Dámaso. 19 de mayo de 2021.

175

de ilusiones en perenne movimiento, que nos acompaña incluso durante el sueño. Y todos sabemos que no es bueno dar seguimiento a esta inclinación desordenada.

La lucha por conquistar y mantener la concentración no se refiere solo a la oración. Si no se alcanza un grado de concentración suficiente no se puede estudiar con provecho y tampoco se puede trabajar bien. Los atletas saben que las competiciones no se ganan solo con el entrenamiento físico sino también con la disciplina mental: sobre todo con la capacidad de estar concentrados y de mantener despierta la atención.

Las distracciones no son culpables, pero deben ser combatidas. En el patrimonio de nuestra fe hay una virtud que a menudo se olvida, pero que está muy presente en el Evangelio. Se llama "vigilancia". Y Jesús lo dice mucho: «Vigilad. Rezad». El *Catecismo* la cita explícitamente en su instrucción sobre la oración (cfr. n. 2730). A menudo Jesús recuerda a los discípulos el deber de una vida sobria, guiada por el pensamiento de que antes o después Él volverá, como un novio de la boda o un amo de un viaje. Pero no conociendo el día y ni la hora de su regreso, todos los minutos de nuestra vida son preciosos y no se deben perder con distracciones. En un instante que no conocemos resonará la voz de nuestro Señor: en ese día, bienaventurados los siervos que Él encuentre laboriosos, aún concentrados en lo que realmente importa. No se han dispersado siguiendo todas las atracciones que les venían a la mente, sino que han tratado de caminar por el camino correcto, haciendo el bien y haciendo el proprio trabajo. Esta es la distracción: que la imaginación da vueltas, vueltas, vueltas... Santa Teresa llamaba a esta imaginación que da vueltas, vueltas en la oración, "la loca de la casa": es una como una loca que te hace dar vueltas, vueltas... Tenemos que pararla y enjaularla, con la atención

Un discurso diferente se merece el *tiempo de la aridez*. El *Catecismo* lo describe de esta manera: «El corazón está desprendido, sin gusto por los pensamientos, recuerdos y sentimientos, incluso espirituales. Es el momento en que la fe es más pura, la fe que se mantiene firme junto a Jesús en su agonía y en el sepulcro» (n. 2731). La aridez nos hace pensar en el Viernes Santo, en la noche y el Sábado Santo, todo el día: Jesús no está, está en la tumba; Jesús está muerto: estamos solos. Y este es el pensamiento-madre de la aridez. A menudo no sabemos cuáles son las razones de la aridez: puede depender de nosotros mismos, pero también de Dios, que permite ciertas situaciones de la vida exterior o interior. O, a veces, puede ser un dolor de cabeza o un dolor de hígado que te impide entrar en la oración. A menudo no sabemos bien la razón. Los maestros espirituales describen la experiencia de la fe como un continuo alternarse de tiempos de consolación y de desolación; momentos en los que todo es fácil, mientras que otros están marcados por una gran pesadez. Muchas veces, cuando encontramos un amigo, decimos. «¿Cómo estás?» —«Hoy estoy decaído». Muchas veces estamos "decaídos", es decir no tenemos sentimientos, no tenemos consolaciones, no podemos más. Son esos días grises... ¡y los hay, muchos, en la vida! Pero el peligro está en tener el corazón gris: cuando este "estar decaído" llega al corazón y lo enferma... y hay gente que vive con el corazón gris. Esto es terrible: ¡no se puede rezar, no se puede sentir la consolación con el corazón gris! O no se puede llevar adelante una aridez espiritual con el corazón gris. El corazón debe estar abierto y luminoso, para que entre la luz del Señor. Y si no entra, es necesario esperarla con esperanza. Pero no cerrarla en el gris.

Después, algo diferente es la *acedia*, otro defecto, otro vicio, que es una auténtica tentación contra la oración y, más en general, contra la vida cristiana. La acedia es «una forma de aspereza o de desabrimiento debidos a la pereza, al relajamiento de la ascesis, al descuido de la vigilancia, a la negligencia del corazón» (*CIC*, 2733). Es uno de los siete "pecados capitales" porque, alimentado por la presunción, puede conducir a la muerte del alma.

¿Qué hacer entonces en esta sucesión de entusiasmos y abatimientos? Se debe aprender a caminar siempre. El verdadero progreso de la vida espiritual no consiste en multiplicar los éxtasis, sino en el ser capaces de perseverar en tiempos difíciles: camina, camina, camina… Y si estás cansado, detente un poco y vuelve a caminar. Pero con perseverancia. Recordemos la parábola de san Francisco sobre la perfecta leticia: no es en las infinitas fortunas llovidas del Cielo donde se mide la habilidad de un fraile, sino en caminar con constancia, incluso cuando no se es reconocido, incluso cuando se es maltratado, incluso cuando todo ha perdido el sabor de los comienzos. Todos los santos han pasado por este "valle oscuro" y no nos escandalicemos si, leyendo sus diarios, escuchamos el relato de noches de oración apática, vivida sin gusto. Es necesario aprender a decir: «También si Tú, Dios mío, parece que haces de todo para que yo deje de creer en Ti, yo sin embargo sigo rezándote». ¡Los creyentes no apagan nunca la oración! Esta a veces puede parecerse a la de Job, el cual no acepta que Dios lo trate injustamente, protesta y lo llama a juicio. Pero, muchas veces, también protestar delante de Dios es una forma de rezar o, como decía esa viejecita, "enfadarse con Dios es una forma de rezar, también", porque muchas veces el hijo se enfada con el padre: es una forma de relación con el padre; porque lo reconoce "padre", se enfada…

Y también nosotros, que somos mucho menos santos y pacientes que Job, sabemos que finalmente, al concluir este tiempo de desolación, en el que hemos elevado al Cielo gritos mudos y muchos "¿por qué?", Dios nos responderá. No olvidar la oración del "¿por qué?": es la oración que hacen los niños cuando empiezan a no entender las cosas y los psicólogos la llaman "la edad del por qué", porque el niño pregunta al padre: «Papá, ¿por qué...? Papá, ¿por qué...? Papá, ¿por qué...?». Pero estemos atentos: el niño no escucha la respuesta del padre. El padre empieza a responder y el niño llega con otro por qué. Solamente quiere atraer sobre sí la mirada del padre; y cuando nosotros nos enfadamos un poco con Dios y empezamos a decir por qué, estamos atrayendo el corazón de nuestro Padre hacia nuestra miseria, hacia nuestra dificultad, hacia nuestra vida. Pero sí, tened la valentía de decir a Dios: "Pero ¿por qué...?". Porque a veces, enfadarse un poco hace bien, porque nos hace despertar esta relación de hijo a Padre, de hija a Padre, que nosotros debemos tener con Dios. Y también nuestras expresiones más duras y más amargas, Él las recogerá con el amor de un padre, y las considerará como un acto de fe, como una oración.

36.
LA CERTEZA DE SER ESCUCHADOS[1]

Queridos hermanos y hermanas, ¡buenos días!

Hay una contestación radical a la oración, que deriva de una observación que todos hacemos: nosotros rezamos, pedimos, sin embargo, a veces parece que nuestras oraciones no son escuchadas: lo que hemos pedido —para nosotros o para otros— no sucede. Nosotros tenemos esta experiencia, muchas veces. Si además el motivo por el que hemos rezado era noble (como puede ser la intercesión por la salud de un enfermo, o para que cese una guerra), el incumplimiento nos parece escandaloso. Por ejemplo, por las guerras: nosotros estamos rezando para que terminen las guerras, estas guerras en tantas partes del mundo, pensemos en Yemen, pensemos en Siria, países que están en guerra desde hace años, ¡años! Países atormentados por

---

[1] Audiencia general. Patio de San Dámaso. 26 de mayo de 2021.

las guerras, nosotros rezamos y no terminan. ¿Pero cómo puede ser esto? «Hay quien deja de orar porque piensa que su oración no es escuchada» (*Catecismo de la Iglesia Católica*, n.2734) Pero si Dios es Padre, ¿por qué no nos escucha? Él que ha asegurado que da cosas buenas a los hijos que se lo piden (cfr. *Mt* 7, 10), ¿por qué no responde a nuestras peticiones? Todos nosotros tenemos experiencia de esto: hemos rezado, rezado, por la enfermedad de este amigo, de este papá, de esta mamá y después se han ido, Dios no nos ha escuchado. Es una experiencia de todos nosotros.

El *Catecismo* nos ofrece una buena síntesis sobre la cuestión. Nos advierte del riesgo de no vivir una auténtica experiencia de fe, sino de transformar la relación con Dios en algo mágico. La oración no es una varita mágica: es un diálogo con el Señor. De hecho, cuando rezamos podemos caer en el riesgo de no ser nosotros quienes servimos a Dios, sino pretender que sea Él quien nos sirva a nosotros (cfr. n. 2735). He aquí, pues, una oración que siempre reclama, que quiere dirigir los sucesos según nuestro diseño, que no admite otros proyectos si no nuestros deseos. Jesús sin embargo tuvo una gran sabiduría poniendo en nuestros labios el "Padre nuestro". Es una oración solo de peticiones, como sabemos, pero las primeras que pronunciamos están todas del lado de Dios. Piden que se cumpla no nuestro proyecto, sino su voluntad en relación con el mundo. Mejor dejar hacer a Él: «Sea santificado tu nombre, venga tu Reino, hágase tu voluntad» (*Mt* 6, 9-10).

Y el apóstol Pablo nos recuerda que nosotros no sabemos ni siquiera qué sea conveniente pedir (cfr. *Rm* 8, 26). Nosotros pedimos por nuestras necesidades, las cosas que nosotros queremos, «¿pero esto es más conveniente o no?». Pablo nos dice: nosotros ni siquiera sabemos qué es conveniente pedir. Cuando rezamos debemos ser humildes: esta es la primera actitud para ir a rezar. Así como está la costumbre en muchos lugares que, para ir a rezar a la iglesia, las mujeres se ponen el velo o se toma el agua bendita para empezar a rezar, así debemos decirnos, antes de la oración, lo que sea más conveniente, que Dios me dé lo que sea más conveniente: Él sabe. Cuando rezamos tenemos que ser humildes, para que nuestras palabras sean efectivamente oraciones y no un vaniloquio que Dios rechaza. Se puede también rezar por motivos equivocados: por ejemplo, derrotar el enemigo en guerra, sin preguntarnos qué piensa Dios de esa guerra. Es fácil escribir en un estandarte "Dios está con nosotros"; muchos están ansiosos por asegurar que Dios está con ellos, pero pocos se preocupan por verificar si ellos están efectivamente con Dios. En la oración, es Dios quien nos debe convertir, no somos nosotros los que debemos convertir a Dios. Es la humildad. Yo voy a rezar pero Tú, Señor, convierte mi corazón para que pida lo que es conveniente, pida lo que sea mejor para mi salud espiritual.

Sin embargo, un escándalo permanece: cuando los hombres rezan con corazón sincero, cuando piden bienes que corresponden al Reino de Dios, cuando una madre reza por el hijo enfermo, ¿por qué a veces parece que Dios no escucha? Para responder a esta pregunta, es necesario meditar con calma los Evangelios. Los pasajes de la vida de Jesús están llenos de oraciones: muchas personas heridas en el cuerpo y en el espíritu le piden ser sanadas; está quien le pide por un amigo que ya no camina; hay padres y madres que le llevan hijos e hijas enfermos… Todas son oraciones impregnadas de sufrimiento. Es un coro inmenso que invoca: «¡Ten piedad de nosotros!».

Vemos que a veces la respuesta de Jesús es inmediata, sin embargo, en otros casos esta se difiere en el tiempo: parece que Dios no responde. Pensemos en la mujer cananea que suplica a Jesús por la hija: esta mujer debe insistir mucho tiempo para ser escuchada (cfr. *Mt* 15, 21-28). Tiene también la humildad de escuchar una palabra de Jesús que parece un poco ofensiva: no tenemos que tirar el pan a los perros, a los perritos. Pero a esta mujer no le importa la humillación: le importa la salud de la hija. Y va adelante: «Sí, también los perritos comen de lo que cae de la mesa», y esto le gusta a Jesús. La valentía en la oración. O pensemos también en el paralítico llevado por sus cuatro amigos: inicialmente Jesús perdona sus pecados y tan solo en un segundo momento lo sana en el cuerpo (cfr. *Mc* 2, 1-12). Por tanto, en alguna ocasión la solución del drama no es inmediata. También en nuestra vida, cada uno de nosotros tiene esta experiencia. Tenemos un poco de memoria: cuántas veces hemos pedido una gracia, un milagro, digámoslo así, y no ha sucedido nada. Después, con el tiempo, las cosas se han arreglado, pero según el modo de Dios, el modo divino, no según lo que nosotros queríamos en ese momento. El tiempo de Dios no es nuestro tiempo.

Desde este punto de vista, merece atención sobre todo la sanación de la hija de Jairo (cfr. *Mc* 5, 21-33). Hay un padre que corre sin aliento: su hija está mal y por este motivo pide la ayuda de Jesús. El Maestro acepta enseguida, pero mientras van hacia la casa tiene lugar otra sanación, y después llega la noticia de que la niña está muerta. Parece el final, pero Jesús dice al padre: «No temas; solamente ten fe» (*Mc* 5, 36). «Sigue teniendo fe»: porque la fe sostiene la oración. Y, de hecho, Jesús despertará a esa niña del sueño de la muerte. Pero por un cierto tiempo, Jairo ha tenido que caminar a oscuras, con la única llama de la fe. ¡Señor, dame la fe! ¡Que mi fe crezca! Pedir esta gracia, de tener fe. Jesús, en el Evangelio, dice que la fe mueve montañas. Pero, tener la fe en serio. Jesús, delante de la fe de sus pobres, de sus hombres, cae vencido, siente una ternura especial, delante de esa fe. Y escucha.

También la oración que Jesús dirige al Padre en el Getsemaní parece permanecer sin ser escuchada: «Padre, si es posible, aleja de mí esto que me espera». Parece que el Padre no lo ha escuchado. El Hijo tendrá que beber hasta el fondo el cáliz de la Pasión. Pero el Sábado Santo no es el capítulo final, porque al tercer día, es decir el domingo, está la resurrección. El mal es señor del penúltimo día: recordad bien esto. El mal nunca es un señor del último día, no: del penúltimo, el momento donde es más oscura la noche, precisamente antes de la aurora. Allí, en el penúltimo día está la tentación donde el mal nos hace entender que ha vencido: «¿Has visto?, ¡he vencido yo!». El mal es señor del penúltimo día: el último día está la resurrección. Pero el mal nunca es señor del último día: Dios es el Señor del último día. Porque ese pertenece solo a Dios, y es el día en el que se cumplirán todos los anhelos humanos de salvación. Aprendamos esta paciencia humilde de esperar la gracia del Señor, esperar el último día. Muchas veces, el penúltimo día es muy feo, porque los sufrimientos humanos son feos. Pero el Señor está y en el último día Él resuelve todo.

37.
JESÚS, MODELO Y ALMA DE TODA ORACIÓN[1]

Queridos hermanos y hermanas, ¡buenos días!

Los Evangelios nos muestran cuanto era fundamental la oración en la relación de Jesús con sus discípulos. Ya se aprecia en la elección de los que luego se convertirían en los apóstoles. Lucas sitúa la elección en un contexto preciso de oración y dice así: «Sucedió que por aquellos días se fue Él al monte a *orar*, y se pasó la noche *en la oración* de Dios. Cuando se hizo de día, llamó a sus discípulos, y eligió doce de entre ellos, a los que llamó también apóstoles» (6, 12-13). Jesús los elige después de una noche de oración. Parece que no haya otro criterio en esta elección si no es la oración, el diálogo de Jesús con el Padre. A juzgar por cómo se comportarán después esos hombres, parecería que la elección no fue de las mejores porque todos huyeron, lo dejaron solo antes de la Pasión; pero es

---

[1] Audiencia general. Patio de San Dámaso. 2 de junio de 2021.

precisamente esto, especialmente la presencia de Judas, el futuro traidor, lo que demuestra que esos nombres estaban escritos en el plan de Dios.

La oración en favor de sus amigos reaparece continuamente en la vida de Jesús. A veces los apóstoles se convierten en motivo de preocupación para Él, pero Jesús, así como los recibió del Padre, después de la oración, así los lleva en su corazón, incluso en sus errores, incluso en sus caídas. En todo ello descubrimos cómo Jesús fue maestro y amigo, siempre dispuesto a esperar pacientemente la conversión del discípulo. El punto culminante de esta paciente espera es la "tela" de amor que Jesús teje en torno a Pedro. En la Última Cena le dice: «¡Simón, Simón! Mira que Satanás ha solicitado el poder cribaros como trigo; pero *yo he rogado* por ti, para que tu fe no desfallezca. Y tú, cuando hayas vuelto, confirma a tus hermanos» (*Lc* 22, 31-32). Es impresionante saber que, en el tiempo del desfallecimiento, el amor de Jesús no cesa. «Pero Padre, si estoy en pecado mortal, ¿el amor de Jesús sigue ahí? —Sí, ¿y Jesús sigue rezando por mí? —Sí —Pero si he hecho cosas muy malas y muchos pecados, ¿sigue amándome Jesús? —Sí». El amor y la oración de Jesús por cada uno de nosotros no cesa, es más, se hace más intenso y somos el centro de su oración. Debemos recordar siempre esto: Jesús está rezando por mí, está rezando ahora ante el Padre y le está mostrando las heridas que trajo consigo, para que el Padre pueda ver el precio de nuestra salvación, es el amor que nos tiene. Y en este momento que uno de nosotros piense: ¿Jesús está rezando ahora por mí? Sí. Es una gran seguridad que debemos tener.

La oración de Jesús vuelve puntualmente en un momento crucial de su camino, el de la verificación de la fe de los discípulos. Escuchemos de nuevo al evangelista

188

Lucas: «Y sucedió que mientras Él estaba orando a solas, se hallaban con Él los discípulos y Él les preguntó: "¿Quién dice la gente que soy yo?". Ellos respondieron: "Unos, que Juan el Bautista; otros, que Elías; otros, que un profeta de los antiguos había resucitado" Les dijo: "Y vosotros, ¿quién decís que soy yo?" Pedro le contestó en nombre de todos: "El Cristo de Dios". Pero les mandó enérgicamente que no dijeran esto a nadie» (9, 18-21). Las grandes decisiones en la misión de Jesús están siempre precedidas de la oración, pero no de una oración, así, *en passant*, sino de la oración intensa y prolongada. Siempre en esos momentos hay una oración. Esta prueba de fe parece una meta, pero en cambio es un punto de partida renovado para los discípulos, porque, a partir de entonces, es como si Jesús subiera un tono en su misión, hablándoles abiertamente de su pasión, muerte y resurrección.

En esta perspectiva, que despierta instintivamente la repulsión, tanto en los discípulos como en nosotros que leemos el Evangelio, la oración es la única fuente de luz y fuerza. Es necesario rezar más intensamente, cada vez que el camino se empina.

Y en efecto, tras anunciar a los discípulos lo que le espera en Jerusalén, tiene lugar el episodio de la Transfiguración. Jesús «tomó consigo a Pedro, Juan y Santiago, y subió al monte *a orar*. Y sucedió que, *mientras oraba*, el aspecto de su rostro se mudó, y sus vestidos eran de una blancura fulgurante, y he aquí que conversaban con Él dos hombres, que eran Moisés y Elías; los cuales aparecían en gloria, y hablaban de su partida, que iba a cumplir en Jerusalén» (*Lc* 9, 28-31), es decir de su Pasión. Por tanto, esta manifestación anticipada de la gloria de Jesús tuvo lugar en la oración, mientras el Hijo estaba inmerso en la comunión con el Padre y consentía plenamente en su voluntad de amor, en su plan de salvación. Y de esa oración salió una palabra clara para los tres discípulos implicados: «Este es mi Hijo, mi Elegido; escuchadle» (*Lc* 9, 35). De la oración viene la invitación a escuchar a Jesús, siempre de la oración.

De este rápido recorrido por el Evangelio, deducimos que Jesús no solo quiere que recemos como Él reza, sino que nos asegura que, aunque nuestros tentativos de oración sean completamente vanos e ineficaces, siempre podemos contar con su oración. Debemos ser conscientes: Jesús reza por mí. Una vez, un buen obispo me contó que en un momento muy malo de su vida y de una gran prueba, un momento de oscuridad, miró a lo alto de la basílica y vio escrita esta frase: «Yo Pedro rezaré por ti». Y eso le dio fuerza y consuelo. Y esto sucede cada vez que cada uno de nosotros sabe que Jesús reza por él. Jesús reza por nosotros. Ahora mismo, en este momento. Haced este ejercicio de memoria repitiéndolo. Cuando hay alguna dificultad, cuando estáis en la órbita de las distracciones: Jesús está rezando por mí. Pero, padre ¿eso es verdad? Es verdad, lo dijo Él mismo. No olvidemos que lo que nos sostiene a cada uno de nosotros en la vida es la oración de Jesús por cada uno de nosotros, con nombre, apellido, ante el Padre, enseñándole las heridas que son el precio de nuestra salvación.

Aunque nuestras oraciones fueran solamente balbuceos, si se vieran comprometidas por una fe vacilante, nunca debemos dejar de confiar en Él. Yo no sé rezar, pero Él reza por mí. Sostenidas por la oración de Jesús, nuestras tímidas oraciones se apoyan en alas de águila y suben al cielo. No os olvidéis: Jesús está rezando por mí – ¿Ahora? –Ahora. En el momento de la prueba, en el momento del pecado, incluso en ese momento, Jesús está rezando por mí con tanto amor.

38.
PERSEVERAR EN EL AMOR[1]

Queridos hermanos y hermanas, ¡buenos días!

En esta penúltima catequesis sobre la oración hablamos de la perseverancia al rezar. Es una invitación, es más, un mandamiento que nos viene de la Sagrada Escritura. El itinerario espiritual del *Peregrino ruso* empieza cuando se encuentra con una frase de san Pablo en la primera carta a los Tesalonicenses: «Orad constantemente. En todo dad gracias» (5, 17-18). La palabra del apóstol toca a ese hombre y él se pregunta cómo es posible rezar sin interrupción, dado que nuestra vida está fragmentada en muchos momentos diferentes, que no siempre hacen posible la concentración. De este interrogante empieza su búsqueda, que lo conducirá a descubrir la llamada oración del corazón. Esta consiste en repetir con fe: «¡Señor Jesucristo, Hijo de Dios, ten piedad de mí pecador!». Una oración

---

[1] Audiencia general. Patio de San Dámaso. 9 de junio de 2021.

191

sencilla, pero muy bonita. Una oración que, poco a poco, se adapta al ritmo de la respiración y se extiende a toda la jornada. De hecho, la respiración no cesa nunca, ni siquiera mientras dormimos; y la oración es la respiración de la vida.

¿Cómo es posible custodiar siempre un estado de oración? El *Catecismo* nos ofrece citas bellísimas, tomadas de la historia de la espiritualidad, que insisten en la necesidad de una oración continua, que sea el fulcro de la existencia cristiana. Cito algunas de ellas.

Afirma el monje Evagrio Póntico: «No nos ha sido prescrito trabajar, vigilar y ayunar constantemente —no, esto no se nos ha pedido— pero sí tenemos una ley que nos manda orar sin cesar» (n. 2742). El corazón en oración. Hay por tanto un ardor en la vida cristiana, que nunca debe faltar. Es un poco como ese fuego sagrado que se custodiaba en los templos antiguos, que ardía sin interrupción y que los sacerdotes tenían la tarea de mantener alimentado. Así es: debe haber un fuego sagrado también en nosotros, que arda en continuación y que nada pueda apagar. Y no es fácil, pero debe ser así.

San Juan Crisóstomo, otro pastor atento a la vida concreta, predicaba así: «Conviene que el hombre ore atentamente, bien estando en la plaza o mientras da un paseo: igualmente el que está sentado ante su mesa de trabajo o el que dedica su tiempo a otras labores, que levante su alma a Dios: conviene también que el siervo alborotador o que anda yendo de un lado para otro, o el que se encuentra sirviendo en la cocina» (n. 2743). Pequeñas oraciones: «Señor, ten piedad de nosotros», «Señor, ayúdame». Por tanto, la oración es una especie de pentagrama musical, donde nosotros colocamos la melodía de nuestra vida. No es contraria a la laboriosidad cotidiana, no entra en contradicción con las muchas pequeñas obligaciones y encuentros, si acaso es el lugar donde toda acción encuentra su sentido, su porqué y su paz.

Cierto, poner en práctica estos principios no es fácil. Un padre y una madre, ocupados con mil cometidos, pueden sentir nostalgia por un periodo de su vida en el que era fácil encontrar tiempos cadenciosos y espacios de oración. Después, los hijos, el trabajo, los quehaceres de la vida familiar, los padres que se vuelven ancianos… Se tiene la impresión de no conseguir nunca llegar a la cima de todo. Entonces hace bien pensar que Dios, nuestro Padre, que debe ocuparse de todo el universo, se acuerda siempre de cada uno de nosotros. Por tanto, ¡también nosotros debemos acordarnos de Él!

Podemos recordar que en el monaquismo cristiano siempre se ha tenido en gran estima el trabajo, no solo por el deber moral de proveerse a sí mismo y a los demás, sino también por una especie de equilibrio, un equilibrio interior: es arriesgado para el hombre cultivar un interés tan abstracto que se pierda el contacto con la realidad. El trabajo nos ayuda a permanecer en contacto con la realidad. Las manos entrelazadas del monje llevan los callos de quien empuña pala y azada. Cuando, en el Evangelio de Lucas (cfr. 10, 38-42), Jesús dice a santa Marta que lo único verdaderamente necesario es escuchar a Dios, no quiere en absoluto despreciar los muchos servicios que ella estaba realizando con tanto empeño.

En el ser humano todo es "binario": nuestro cuerpo es simétrico, tenemos dos brazos, dos ojos, dos manos… Así también el trabajo y la oración son complementarios. La oración –que es la "respiración" de todo– permanece como el fondo vital del trabajo, también en los momentos en los que no está explicitada. Es deshumano estar tan absortos por el trabajo como para no encontrar más el tiempo para la oración.

Al mismo tiempo, no es sana una oración que sea ajena de la vida. Una oración que nos enajena de lo concreto de la vida se convierte en espiritualismo, o, peor, ritualismo. Recordemos que Jesús, después de haber mostrado a los discípulos su gloria en el monte Tabor, no quiere alargar ese momento de éxtasis, sino que baja con ellos del monte y retoma el camino cotidiano. Porque esa experiencia tenía que permanecer en los corazones como luz y fuerza de su fe; también una luz y fuerza para los días venideros: los de la Pasión. Así, los tiempos dedicados a estar con Dios avivan la fe, la cual nos ayuda en la concreción de la vida, y la fe, a su vez, alimenta la oración, sin interrupción. En esta circularidad entre fe, vida y oración, se mantiene encendido ese fuego del amor cristiano que Dios se espera de nosotros.

Y repetimos la oración sencilla que es tan bonito repetir durante el día, todos juntos: «Señor Jesús, Hijo de Dios, ten piedad de mí pecador».

39.
LA ORACIÓN PASCUAL DE JESÚS POR NOSOTROS[1]

Queridos hermanos y hermanas, ¡buenos días!

En esta serie de catequesis hemos recordado en varias ocasiones cómo la oración es una de las características más evidentes de la vida de Jesús: Jesús rezaba, y rezaba mucho. Durante su misión, Jesús se sumerge en ella, porque el diálogo con el Padre es el núcleo incandescente de toda su existencia.

Los Evangelios testimonian cómo la oración de Jesús se hizo todavía más intensa y frecuente en la hora de su pasión y muerte. Estos sucesos culminantes de su vida constituyen el núcleo central de la predicación cristiana: esas últimas horas vividas por Jesús en Jerusalén son el corazón del Evangelio no solo porque a esta narración los evangelistas reservan, en proporción, un espacio mayor, sino también porque el evento de la muerte y

---

[1] Audiencia general. Patio de San Dámaso. 16 de junio de 2021.

resurrección —como un rayo— arroja luz sobre todo el resto de la historia de Jesús. Él no fue un filántropo que se hizo cargo de los sufrimientos y de las enfermedades humanas: fue y es mucho más. En Él no hay solamente bondad: hay algo más, está la salvación, y no una salvación episódica —la que me salva de una enfermedad o de un momento de desánimo— sino la salvación total, la mesiánica, la que hace esperar en la victoria definitiva de la vida sobre la muerte.

En los días de su última Pascua, encontramos por tanto a Jesús, plenamente inmerso en la oración.

Él reza de forma dramática en el huerto del Getsemaní —lo hemos escuchado—, asaltado por una angustia mortal. Sin embargo, Jesús, precisamente en ese momento, se dirige a Dios llamándolo *Abbà*, Papá (cfr. *Mc* 14, 36). Esta palabra aramea —que era la lengua de Jesús— expresa intimidad, expresa confianza. Precisamente cuando siente la oscuridad que lo rodea, Jesús la atraviesa con esa pequeña palabra: *Abbà*, Papá.

Jesús reza también en la cruz, envuelto en tinieblas por el silencio de Dios. Y sin embargo en sus labios surge una vez más la palabra "Padre". Es la oración más audaz, porque en la cruz Jesús es el intercesor absoluto: reza por los otros, reza por todos, también por aquellos que lo condenan, sin que nadie, excepto un pobre malhechor, se ponga de su lado. Todos estaban contra Él o indiferentes, solamente ese malhechor reconoce el poder. «Padre, perdónales, porque no saben lo que hacen» (*Lc* 23, 34). En medio del drama, en el dolor atroz del alma y del cuerpo, Jesús reza con las palabras de los salmos; con los pobres del mundo, especialmente con los olvidados por todos, pronuncia las palabras trágicas del salmo 22: «Dios mío, Dios mío, ¿por qué me has abandonado?» (v. 2): Él sentía el abandono y rezaba. En la cruz se cumple el don del Padre, que ofrece el amor, es decir se cumple nuestra salvación. Y también, una vez, lo llama "Dios mío", "Padre, en tus manos pongo mi espíritu": es decir, todo, todo es oración, en las tres horas de la Cruz.

Por tanto, Jesús reza en las horas decisivas de la pasión y de la muerte. Y con la resurrección el Padre responderá a la oración. La oración de Jesús es intensa, la oración de Jesús es única y se convierte también en el modelo de nuestra oración. Jesús ha rezado por todos, ha rezado también por mí, por cada uno de vosotros. Cada uno de nosotros puede decir: «Jesús, en la cruz, ha rezado por mí». Ha rezado. Jesús puede decir a cada uno de nosotros: «He rezado por ti, en la Última Cena y en el madero de la Cruz». Incluso en el más doloroso de nuestros sufrimientos, nunca estamos solos. La oración de Jesús está con nosotros. «Y ahora, padre, aquí, nosotros que estamos escuchando esto, ¿Jesús reza por nosotros?». Sí, sigue rezando para que Su palabra nos ayude a ir adelante. Pero rezar y recordar que Él reza por nosotros.

Y esto me parece lo más bonito para recordar. Esta es la última catequesis de este ciclo sobre la oración: recordar la gracia de que nosotros no solamente rezamos, sino que, por así decir, hemos sido "rezados", ya somos acogidos en el diálogo de Jesús con el Padre, en la comunión del Espíritu Santo. Jesús reza por mí: cada uno de nosotros puede poner esto en el corazón, no hay que olvidarlo. También en los peores momentos. Somos ya acogidos en el diálogo de Jesús con el Padre en la comunión del Espíritu Santo. Hemos sido queridos en Cristo Jesús, y también en la hora de la pasión, muerte y resurrección todo ha sido

ofrecido por nosotros. Y entonces, con la oración y con
la vida, no nos queda más que tener valentía, esperanza
y con esta valentía y esperanza sentir fuerte la oración de
Jesús e ir adelante: que nuestra vida sea un dar gloria a
Dios conscientes de que Él reza por mí al Padre, que Jesús
reza por mí.

Este libro, publicado por
Ediciones Rialp, S. A.,
Manuel Uribe 13-15, 28033 Madrid,
se terminó de imprimir en
Canoprint.es (Madrid),
el día 12 de abril de 2022.